PASST! Selber schneidern nach Maß

Jörg Schwanz

PASST!

Selber schneidern
nach Maß

BuchVerlag
für die Frau

Impressum

ISBN 978-3-89798-313-7

© BuchVerlag für die Frau GmbH, Leipzig 2011

Fotos: Jörg Schwanz
Einband, Satz und Typografie: Michael Puschendorf
Druck und Bindearbeiten: Salzland Druck GmbH & Co. KG, Staßfurt
Printed in Germany

www.buchverlag-fuer-die-frau.de

Erfolgreich selber schneidern nach Maß – ein Vorwort

Herzlichen Glückwunsch! Mit diesem Buch und der beiliegenden Software werden Sie eine völlig neue Näherfahrung machen; Sie werden Erfolgserlebnisse durch passende, individuelle, Ihrer Phantasie folgende, außergewöhnliche, selbst geschneiderte Kleidungsstücke haben.

Vielleicht sind Sie Näh-Anfänger und möchten sich mit Spaß an Ihr erstes selbst genähtes Kleidungsstück wagen? Vielleicht behaupten die Größenschildchen im Bekleidungshaus und die Beschriftung auf den Papierschnittmustern, Sie seien nicht „normal"? Lesen Sie weiter, und Sie werden erfahren, dass Sie wirklich völlig in Ordnung sind; groß oder klein, schlank oder knuffig. Vielleicht nähen Sie schon seit Langem selbst Kleidungsstücke und sind neugierig auf die Innovation des Schneiderns nach Maß am PC?

All diese Hoffnungen – und einige mehr – waren Anlass für dieses Buch. Anfänger finden Grundlageninformationen, bei Bedarf auch Hinweise auf weiterführende Quellen. Erfahrene finden unkonventionelle neue Anregungen für ihre Projekte. Und ALLE finden die Möglichkeit, Schnittmuster nach ihren eigenen Maßen zu erstellen und damit die Chance der Erfahrung: *passt!*

Ich wünschte mir, dieses Buch würden genauso viele Männer wie Frauen lesen. Meine Erfahrung lässt mich allerdings ein ungleiches Verhältnis vermuten. Aber welchen Geschlechts Sie auch sind: glauben Sie mir, Ihr Erfolgserlebnis beim Selberschneidern liegt mir am Herzen.

Übrigens: Ich nehme mir die Freiheit, bewusst vom „Selberschneidern" bzw. vom „Selberschneider" oder der „Selberschneiderin" zu sprechen, um für das hobbymäßige Schneidern eigener Kleidung, für das es bislang keine griffige Nomenklatur gibt, einen Begriff zu finden, mit dem sich jeder identifizieren kann.

Also: Viel Spaß und Erfolg beim Selberschneidern!

Danksagung

Ich möchte besonders folgenden Menschen danken, ohne die dieses Buch nicht zustande gekommen wäre – in chronologischer Reihenfolge:

Meiner Mutter, die mir meiner Neugier folgend ihre Nähmaschine erklärt hat, seit ich das Pedal erreichen konnte.

Meinem Schäfchen, die mich mit bewundernswerter Geduld und aktiver Unterstützung mit meinem „Hobby" *golden-pattern* geteilt hat.

Christa Winkelmann vom BuchVerlag für die Frau und ihrem Mann, die mir die Chance auf die Veröffentlichung meiner Idee gegeben haben.

Den Herren Dalink und Komolka für die Fotoerlaubnis in ihren Stoffläden (DALINK STOFFE in Berlin: große Auswahl und nette Betreuung „gleich um die Ecke"; KOMOLKA STOFFE in Wien: Tradition, Flair, Vielfalt, Augenschmaus).

Sabine Melchert (BuchVerlag für die Frau) und Michael Puschendorf für Lektorat und Satz, denen es mit Erfahrung und viel Arbeit gelungen ist, aus Material, Idee und Überzeugung ein Werk zu gießen.

Berlin, Frühjahr 2011
Jörg Schwanz

Inhalt

Zu bestellen bei allen Buchhandlungen. Wo eine solche nicht bekannt ist, nimmt das nächste Postamt die Bestellung auf die „Sonntags-Zeitung fürs Deutsche Haus" entgegen.

Heft 16   Gesamtpreis des Jahrgangs   **20 Pf.**   52 Hefte 10 Mk. 40 Pf.   Jahrgang 1911/12

Sonntags-Zeitung
fürs Deutsche Haus

Illustrierte Familien- und Frauenzeitung.

Mit den Beilagen:
Kunstblätter moderner Meister. — Moden-Zeitung für Deutschlands Frauen. — Album praktischer Handarbeiten. — Moden für unsere Kinder. — Schnittmusterbogen. — Praktische Mitteilungen für Küche und Haus, Gesundheitspflege und Erziehung. — Für unsere Jugend: Illustrierte Kinderzeitung.

Verlag von W. Vobach & Co., Berlin · Leipzig · Wien.

Die Motivation zum Selberschneidern

Zeitenwandel

Sehr lange Zeit – bis ins Mittelalter – war das Selberschneidern der einzige Weg zu wär-
mender und schützender Kleidung. Zuerst wurden mit selbst erlegten Materialien (Mam-
mutfell), später mit selbst gezogenen (Schafwolle) oder selbst gepflanzten (Flachs/Lei-
nen) Grundstoffen für Gewebe einfache, praktische Kleidungsstücke angefertigt. Im Laufe des Mittelalters und bis zum Beginn der Neuzeit etablierten sich immer mehr Hand-
werksbetriebe, die Kleidung herstellten und verkauften; es entstanden regionale Zentren
und schließlich die Anfänge einer Textilindustrie.

Ab diesem Zeitpunkt gab es nur noch zwei Gründe, Kleidung selbst herzustellen: weil
man Freude daran hatte und etwas Einzigartiges erschaffen wollte – oder weil man sich
fertige Kleidung nicht leisten konnte.

Dennoch blieb das Selberschneidern sehr lange eine Massenbewegung. Um 1900 gab
es noch eine große Anzahl von Schnittmuster-Verlagen und -Zeitschriften; viele Zeit-
schriften erschienen wöchentlich in Auflagen von mehreren 10 000 Exemplaren mit um-
fangreichen Schnittmuster-Beilagen (z.B. „Modenwelt", „Frauen- und Modenzeitung",
„Deutsche Modenzeitung" u.a.).

> Jede Frau, die es ermöglichen kann, überlasse die Fürsorge
> für ihre äußere Erscheinung den dazu Berufenen – ein vom
> Schneider gearbeiteter Mantel muß gut aussehen! ... Alle die
> aber, die zum Selbstschneidern gezwungen sind, sollten sich an
> richtiges, sachgemäßes Nähen gewöhnen.
> (Aus dem „Unterrichtswerk für Anfänger", Leferenz-Vavra, 1935)

Die Motivation zum Selberschneidern war stets dem Wandel der Zeit, aber auch persönlichen Interessen unterworfen. Besonders während des Zweiten Weltkriegs und in der
Nachkriegszeit schneiderte man weniger aus Spaß, sondern mehr aus Not selber, auch
um Kleidungsstücke und anderes vorhandenes Material optimal wiederzuverwerten.

Ab den 1950er Jahren schwand das Interesse an der eigenen Herstellung von Kleidungsstücken kontinuierlich. Die Zeit für „Hausarbeit" wurde knapper, andere Hobbys waren wichtiger, Fertigkleidung wurde immer preiswerter.

Gerade in den letzten Jahrzehnten, in denen Kleidung in Billiglohnländern gefertigt wird, scheint sich das Selberschneidern aus Kostengründen eigentlich kaum noch zu lohnen.

Seit einigen Jahren aber belebt sich die Selberschneidern-Szene deutlich: Das Publikum im Lieblings-Stoffgeschäft scheint verjüngt; Mode-Nischen erfordern Eigenleistung mangels bezahlbarer Alternativen von der Stange; ein junger Verlag wagt sich sogar an die Herausgabe einer neuen Selber-Nähen-Zeitschrift. Selberschneidern lohnt sich also doch. Warum, lesen Sie auf den folgenden Seiten.

Gertenschlank oder extraknuffig?

Sie kennen das: Ihre Körpermaße weichen von den statistischen Mittelwerten der Bevölkerung ab; die Suche nach passender Kleidung birgt ein hohes Frustpotential. Aus wirtschaftlichen Gründen orientiert sich die Textilindustrie (fast) ausschließlich an der lukrativen Mitte aller Konfektionsgrößen.

Wer sehr klein und schlank ist, wurde vielleicht bereits in der Kinderabteilung erwischt. Der knuffige Mitmensch ist auf die wenigen Spezialgeschäfte und -ketten angewiesen, deren dürftige Auswahl irgendwie nie dem eigenen Geschmack zu folgen scheint. Und fast noch schlimmer dran sind die individuell Geformten, deren Körper sich durch zu lange oder zu kurze Beine, zu dickem oder zu dünnem Po, zu schmalen oder zu breiten Schultern so gar nicht in eine Standardkonfektionsgröße einfügen lässt.

Sie möchten aber attraktive Kleidung in Ihrer eigenen Größe haben und deshalb selber schneidern? In diesem Fall müssen Sie die Hürde nehmen und Schnittmuster des gewünschten Kleidungsstücks für die eigene Größe finden. Natürlich orientieren sich aber auch die gängigen Schnittmuster-Verlage an den Standardmaßen.

Was tun? Die Lösung für dieses Problem halten Sie mit diesem Buch und der beiliegenden Software in der Hand.

Ein Beispiel für „Zeitgeist zum selber schneidern" ist das Buch „Chic im Osten" (Scheffler, 2010) mit dem 60er-Jahre-Kleid als gratis Schnittmuster-Download.

Kreativität und das Besondere

Der schönste – weil vollständig freiwillige – Grund für das Selberschneidern ist der Wunsch nach Verwirklichung der eigenen Vorstellungen. So können Sie sich Ihre eigene tägliche Garderobe herstellen, individuell im Material und zudem in besserer Passform als Stangenware.

Speziell für festliche Mode wird die Nähmaschine gern hervorgeholt: Besondere Ereignisse lohnen den zeitlichen Aufwand und verlängern die Vorfreude. Wer es sich zutraut, wird die eigene Hochzeit auch wegen des selbst genähten Brautkleids nie vergessen.

Häufiger konzentriert sich die Kreativität des Selberschneiderns aber auf einzelne Lebensbereiche, zum Beispiel auf die Herstellung von historischen und nostalgischen Kleidungsstücken. Fans aller Zeitalter haben so die Chance auf eine authentische Selbstdarstellung: Die Mittelalter-Gemeinde ist sehr zahlreich, ein Kern von Verfechtern eines bestimmten Jahrzehnts veranstalten Thementreffen, „pseudo-historische" Modetrends wie Gothic oder der japanisch inspirierte Lolita-Look suchen nach Vorlagen.

Auch für Weihnachten und Fasching wird viel geschneidert: Im selbst genähten Weihnachtsmann-Kostüm beschenkt es sich sicher überzeugender als im dünnen Supermarkt-Fähnchen. (Und wer kann schon einer Person im Baby-Strampler in Männergröße 60 widerstehen?)

» Wer häufig näht, kennt die Versuchung im Stoffladen des Vertrauens. Als abschreckendes Beispiel sei meine eigene Schränke sprengende Stoffsammlung genannt. (Der Autor) «

Preis-Wert

Der Clou: Auch heute noch kann man mit Selberschneidern Geld sparen. (Möglicherweise nicht im Vergleich zu Kleidung, die beim Billig-Discounter für 1,99 Euro zu erwerben ist.)

Finanziell interessant ist eigenes Schneidern vor allem in zwei Bereichen:

✂ die Anfertigung von anspruchsvoller Kleidung aus hochwertigem Material: Voraussetzung ist der richtige Blick für edle Stoffe im Sonderangebot und ein damit einhergehendes eigenes „Stofflager mit Augenmaß".
✂ der Bedarf an passgenauer Kleidung, sei sie festlich, praktisch oder sportlich, z. B. für:
  • Mitglieder von Sportvereinen: Zum ehemaligen Voltigier-Verein meiner Töchter gehören Kinder und Jugendliche im Alter von 6 bis 18 Jahren – für jede Turniergruppe werden passende Catsuit-artige Kleidungsstücke benötigt. Diese gibt es kaum von der Stange zu kaufen und sind bei Sonderanfertigung sehr teuer.
  • Theater- und Laienspielgruppen
  • die bereits genannten zahlreichen Fans lebendiger Geschichte auf Mittelalter-Märkten und vielen anderen sog. Reenactment-Events

TiPP: Besonders wichtig bei der Verwendung kostspieliger Materialien ist die Erstellung eines Musterstücks – sonst kann schnell jeder Vorteil vernichtet bzw. verschnitten sein!

Jugend an die Nähmaschine!

Liebe Jugendliche, bestimmt haben Eure Mutter oder Großmutter eine Nähmaschine in der Kammer stehen und zudem jede Menge Stoffreste, Garne und last but not least Erfahrung in der Schublade.

Probiert es aus – und ihr könnt einmalige Kleidungsstücke zaubern!

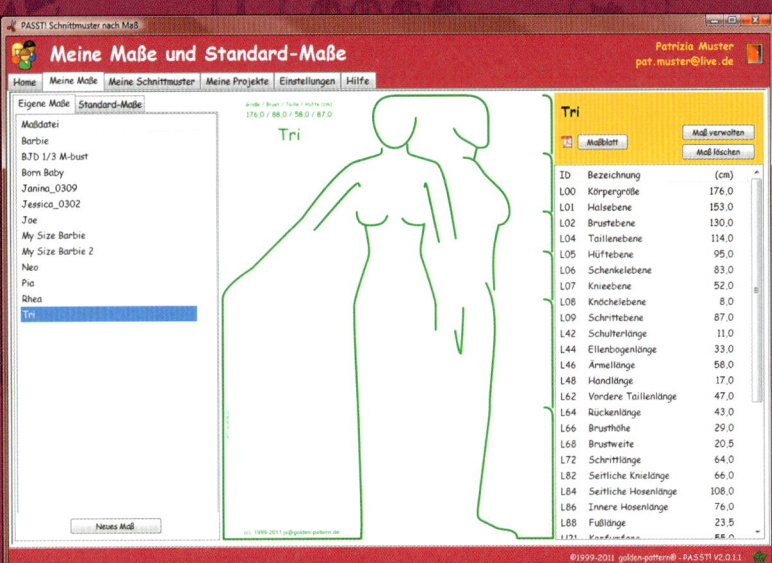

1

2

3

Sie haben Bedenken hinsichtlich des Druck- und Klebeaufwands bei Ihrem A4-Drucker? Keine Sorge! Gegenüber den notwendigen Vorbereitungs- und Optimierungsarbeiten bei traditionellen Mehrgrößen-Schnittmustern werden Sie viel Zeit und Geld sparen!

Das System
golden-pattern – Schnittmuster nach Maß

Grundidee und Anspruch des **golden-pattern**-Systems für Maß-Schnittmuster ist einfach: Jeder wünscht sich Kleidung, die passt. Wer fertige Kleidungsstücke kauft, muss oft lange suchen, bis er eine Hose, einen Rock oder eine Jacke findet, die oder der wie gewünscht sitzt. Und wer kann es sich schon leisten, sich seine Kleidung von einem Profi-Schneider maßschneidern zu lassen?

Wer selber schneidert, hatte aber bisher nahezu das gleiche Problem: Die gängigen Papierschnittmuster sind nur in Standardgrößen verfügbar; das Angebot jenseits der Normalfigur und des Normalschnittes nimmt rapide ab.

Hier setzt **golden-pattern** mit seinem Programm *PASST!* an: Mit PC und Drucker erzeugen Sie schnell und unkompliziert Ihre individuellen Schnittmuster, die wirklich passen.

Und das in 3 einfachen Schritten:

Sie vermessen sich und alle Personen oder Puppen, die Sie benähen wollen. **❶**

Sie wählen ein Basis-Schnittmuster aus und variieren es Ihren Vorstellungen entsprechend. **❷**

Sie drucken das fertige Maßschnittmuster aus. **❸**

Wie das System *golden-pattern – Schnittmuster nach Maß* entstand …

golden-pattern hat begonnen als ▪ ein Freizeit-„zero budget"-Projekt ▪ eine internet-technische Fingerübung ▪ der Osterspaß 1999 eines Programmierers.

Es ist aber mehr als das: Es ist nicht nur eine Idee, sondern auch ▪ eine Problemlösung ▪ der Versuch, einem vernachlässigten Hobby durch zeitgemäße Infrastruktur neuen Atem einzuhauchen.

Wir sind inzwischen ein kleines Team, das sich in den Kopf gesetzt hat, allen Hobbyschneidern und Hobbyschneiderinnen speziell digitalisierte Schnittmuster zur Verfügung zu stellen, die sich in wenigen Minuten in vielen Varianten verändern und vor allem passgenau den Maßen des späteren Trägers anpassen lassen.

Das PC-Programm *golden-pattern* entstand.

Der schnelle Weg zum Kleid nach Maß

Sie haben bereits Erfahrung im Schneidern, kennen Ihren PC und möchten schnell und unkompliziert Ihr erstes Maßkleid schneidern? Dann sind Sie in diesem Kapitel genau richtig! Hier erfahren Sie in drei kurzen Schritten den Weg zum Wunschkleid-Schnittmuster nach Maß. Aber schauen Sie sich in einer ruhigen Stunde auch die anderen Kapitel des Buches an: Sie werden viele Informationen und Ideen für Ihre weitere kreative Arbeit finden.

Sie wollen lieber systematisch vorgehen und den Weg zum erfolgreichen Selberschneidern ausführlich erklärt bekommen? Dann können Sie dieses Kapitel überfliegen und mit dem nächsten starten.

Die Programm-Oberfläche, rechts oben der Benutzername (Bild oben) oder der Registrier-Button.

Jetzt geht's los:

Wenn Sie vom Typ „erst handeln, dann lesen" sind, haben Sie bestimmt schon die Buch-CD eingelegt und das Programm *PASST!* auf Ihrem PC installiert – wenn nicht, tun Sie dies bitte jetzt.

Starten Sie *PASST!*. Eine einmalige Registrierung des Programms ist erforderlich. Sie können sich mit eventuell bereits vorhandenen *golden-pattern*-Kundendaten anmelden oder neu registrieren.

Jetzt erscheinen Ihr Name und alle Menüpunkte im Kopf des Programms.

PASST! ist fertig für Sie.

Falls Fragen auftauchen: Im Kapitel „Das PC-Programm *PASST!*" ab S.111 ist der Vorgang ausführlich und bebildert erläutert.

Erster Schritt: Maß nehmen

Die korrekte Erfassung der Maße in *PASST!* ist der Schlüssel zu passgenauen Schnitt-mustern.

Am besten drucken Sie das PDF-Formular ❶ für die Maßerfassung aus (in *PASST!* zu finden unter „Maßerfassung"), lassen sich ganz in Ruhe vermessen (sich selbst vermes-sen klappt nicht!) und notieren alle Werte auf dem Ausdruck.

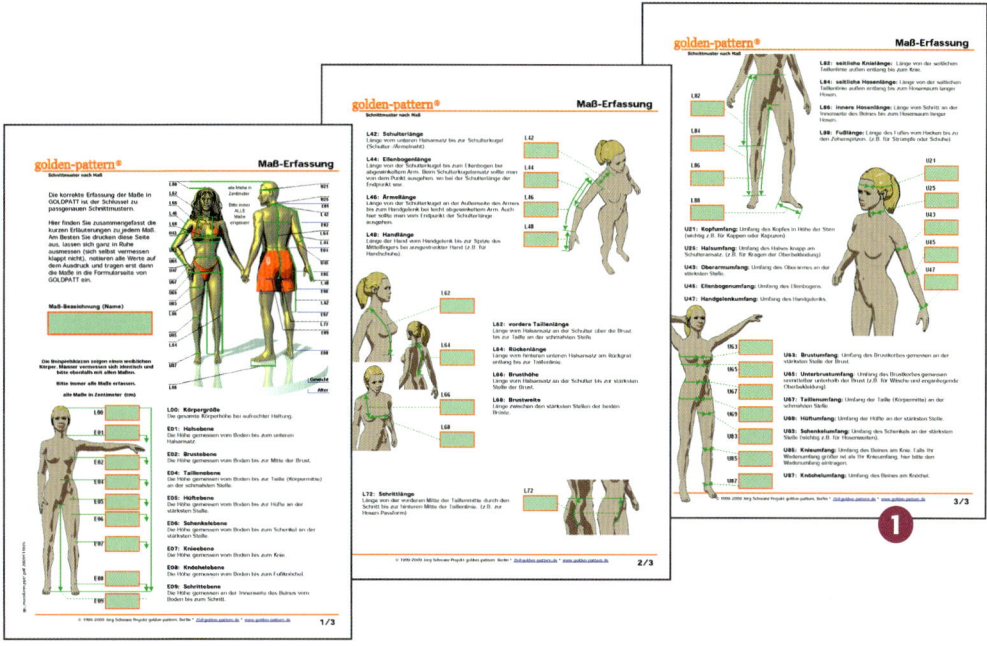

Bitte lesen Sie die Maßbeschreibung genau und schauen Sie auf die Skizzen: Maße wer-den gelegentlich unterschiedlich definiert, Missverständnisse sind möglich.

Als Vergleich steht auch eine umfangreiche Sammlung von Standardgrößen in *PASST!* zur Verfügung.

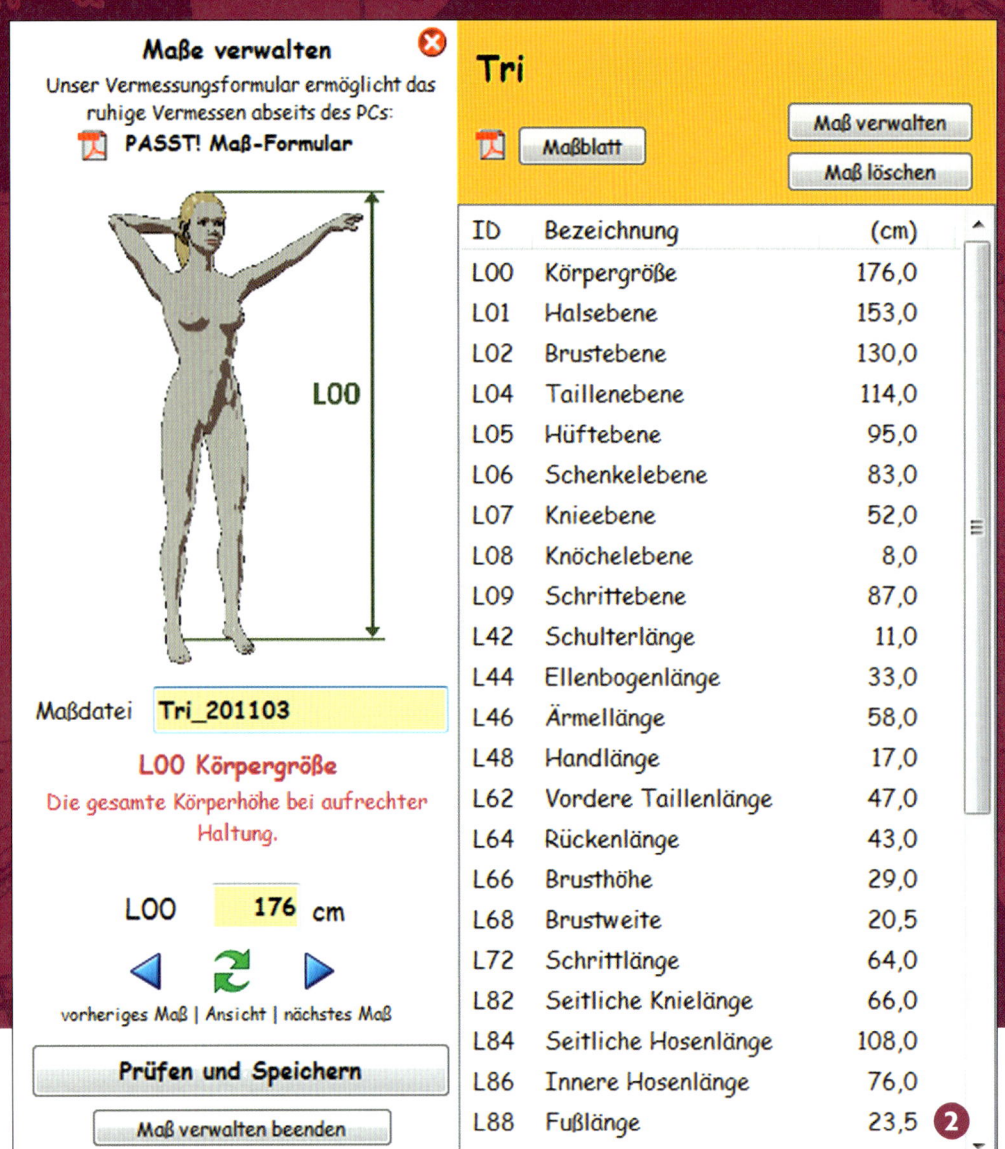

Maße verwalten

Unser Vermessungsformular ermöglicht das ruhige Vermessen abseits des PCs:

📄 **PASST! Maß-Formular**

LOO

Maßdatei **Tri_201103**

LOO Körpergröße

Die gesamte Körperhöhe bei aufrechter Haltung.

LOO **176** cm

◀ 🔄 ▶

vorheriges Maß | Ansicht | nächstes Maß

Prüfen und Speichern

Maß verwalten beenden

Tri

📄 Maßblatt

Maß verwalten

Maß löschen

ID	Bezeichnung	(cm)
L00	Körpergröße	176,0
L01	Halsebene	153,0
L02	Brustebene	130,0
L04	Taillenebene	114,0
L05	Hüftebene	95,0
L06	Schenkelebene	83,0
L07	Knieebene	52,0
L08	Knöchelebene	8,0
L09	Schrittebene	87,0
L42	Schulterlänge	11,0
L44	Ellenbogenlänge	33,0
L46	Ärmellänge	58,0
L48	Handlänge	17,0
L62	Vordere Taillenlänge	47,0
L64	Rückenlänge	43,0
L66	Brusthöhe	29,0
L68	Brustweite	20,5
L72	Schrittlänge	64,0
L82	Seitliche Knielänge	66,0
L84	Seitliche Hosenlänge	108,0
L86	Innere Hosenlänge	76,0
L88	Fußlänge	23,5 ❷

Jetzt können Sie die Maße aus dem Formular unter dem Menüpunkt „Meine Maße" erfassen und speichern. ❷ Wichtig ist, immer ALLE Maße zu erfassen, da sich viele Maße gegenseitig erklären und für Kleidungsstücke oft nicht sofort augenfällige Maße erforderlich sind. Die Einheit der Maßerfassung ist Zentimeter, Kommastellen sind möglich.

Die Skizzen zeigen zwar einen weiblichen Körper; es lassen sich aber auch Männer, Kinder, Babys und Puppen genau mit allen Maßen vermessen und erfassen.

Vergeben Sie einen sprechenden Namen. Denken Sie dabei daran, dass Sie vielleicht im Laufe der Zeit mehrere Versionen Ihrer Maße benötigen, z. B. „Janina_ 2011-05".

Bei Fragen: Eine ausführliche Beschreibung der Maßerfassung finden Sie ab S. 39.

Zweiter Schritt:
Schnittmuster wählen und variieren

Sobald Sie im Menüpunkt „Meine Schnittmuster" ein Schnittmuster ausgewählt haben, können Sie in „Meine Projekte" eine Skizze ❸ an Ihrem Körper bewundern.

Verändern Sie das Aussehen durch Einstellen der Varianten, spielen Sie ein wenig herum, versuchen Sie auch einmal den Button „Zufallsvariante".

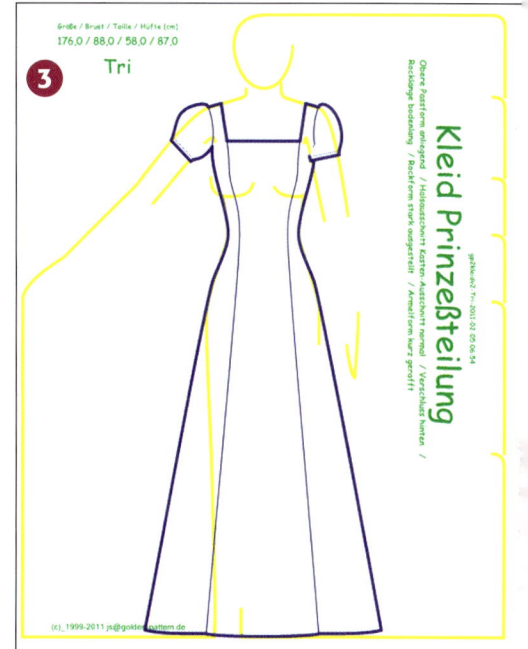

Im Untermenü „Schnittmuster" können Sie die Schnittmusterteile ❹ jederzeit anschauen und (als erfahrene(r) SelberschneiderIn) beurteilen, ob alles Ihren Vorstellungen entspricht.

Zufrieden? Dann speichern Sie jetzt Ihr Selberschneidern-Projekt im Untermenü „Projekte" und drucken es aus. Dazu mehr im folgenden Kapitel.

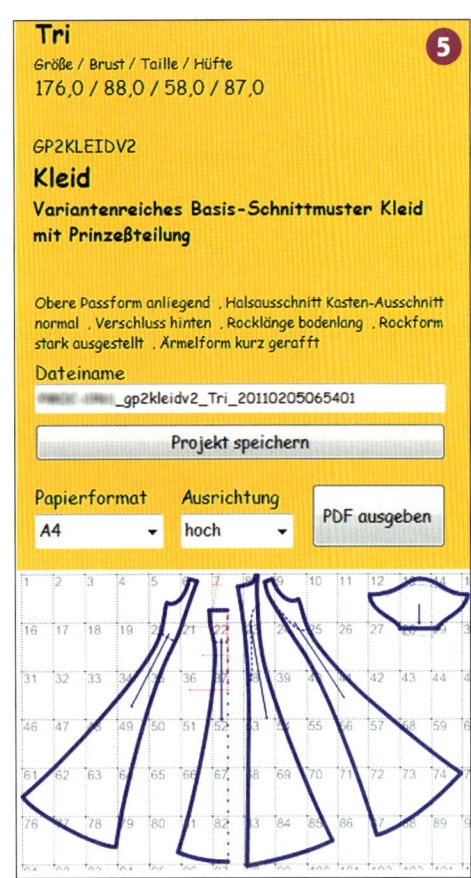

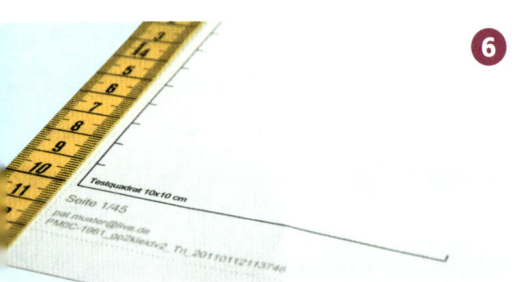

Dritter Schritt:
Schnitt ausdrucken und vorbereiten

Sobald Sie im Menü „Meine Projekte / Projekte" auf „PDF ausgeben" klicken, wird das Schnittmuster mit vorangestellten Titel- und Beschreibungsseiten als PDF-Datei gespeichert. Dies kann einige Sekunden dauern. **5**

Danach wird automatisch Ihr PDF-Reader gestartet (falls nicht, blättern Sie bitte weiter zum Abschnitt „PDF Dateien" auf S. 115) und die Schnittmuster-Datei angezeigt.

Jetzt können Sie Ihr Schnittmuster nach Maß ausdrucken.

Beim allerersten Ausdrucken bitte besonders aufpassen: Unbedingt das 10×10 cm große Testquadrat **6** auf der ersten Schnittmusterseite nachmessen – falls es nicht genau stimmt, lesen Sie bitte den Abschnitt „PDF Dateien" auf S. 115.

Die Seiten des Schnittmuster-Bogens müssen jetzt noch zusammengeklebt werden – das geht schneller als Sie denken.

Am einfachsten schneiden Sie zwei der Kleberänder (z. B. rechts und unten) auf den Seiten ab, kleben erst die Reihen zusammen und dann die Reihen untereinander.

Jetzt nur noch die Schnittteile ausschneiden **7** – fertig ist Ihr erstes Schnittmuster nach Maß! **8**

Zuschneiden und Nähen

Als erfahrene SelberschneiderIn benötigen Sie ab hier wahrscheinlich keine Hinweise mehr. Dennoch kurz hier die wichtigsten Punkte.

Falls dies jedoch Ihr erstes selbstgenähtes Kleidungsstück wird, ist es sinnvoll, nicht nur dieses, sondern auch alle anderen Kapitel genau zu lesen.

Jetzt aber los:

Sie haben noch keinen Stoff und möchten wissen, wie viel Sie kaufen müssen? Bitte lesen Sie dann zuerst das Kapitel „Der Materialbedarf" auf S. 85.

Platzieren Sie die Schnittteile auf der Stoffbahn. **9** Wie oft welches Teil zugeschnitten werden muss, ist auf jedem Teil vermerkt.

TiPP: Die Schnittteile enthalten keine Naht- oder Saumzugaben, die Zugaben deshalb bitte bei der Anordnung der Teile und beim Zuschnitt unbedingt zusätzlich berücksichtigen.

Wollen Sie zuerst ein Kleid nähen?

Beim Nähen wie folgt vorgehen:

✂ Zuerst die Kleid-Bahnen rechts auf rechts zusammenheften.
✂ Anprobe
  ▪ Die Schultern wie gewünscht zusammenstecken.
  ▪ Den Verschluss zusammenstecken.
  ▪ Die Passform am Körper prüfen, gegebenenfalls optimieren.
  ▪ Form, Größe und Sitz des Ausschnitts bei Bedarf optimieren.
✂ Die Kleid-Bahnen rechts auf rechts nähen. ❿
✂ Die Schulternaht schließen.
✂ Den Besatz ebenfalls nähen, am Halsausschnitt rechts auf recht annähen, nach innen umschlagen.
✂ Den Verschluss arbeiten (z. B. den Reißverschluss einnähen). ⓫

✂ Die Seitennaht des Ärmels heften, sofern ein Ärmel gewünscht wird.
✂ Wieder Anprobe.
  ▪ Den Ärmel im Armloch feststecken.
  ▪ Sitz des Ärmels gegebenenfalls optimieren.
✂ Die Seitennaht des Ärmels schließen. Den Ärmel in das Armloch nähen.
✂ Letzte Anprobe. Exakte Saumlänge an Ärmeln und am Rock markieren. ⓬
✂ Säume arbeiten. Zugaben innen, falls noch nicht geschehen, versäubern.

Zum Vergleich: Die *PASST!*-Ausgabe und das fertige Kleid

Fertig!

Fertig ist Ihr erstes Kleid nach Maß! Zufrieden? Entspricht das Kleid sowohl der Vorlage wie auch Ihren Erwartungen?

Falls Sie AnfängerIn sind und noch nicht alles perfekt angepasst oder genäht haben – üben! Das nächste Stück wird (noch) besser. Falls etwas nicht geklappt hat und Sie denken: *„PASST!* ist schuld!"*: Schreiben Sie uns eine E-Mail, wir sind immer an ehrlichen Rückmeldungen interessiert und werden schnell antworten. Und falls das Kleid einfach traumhaft geraten ist: Bestimmt haben Sie noch Ideen für viele weitere Stücke. Experimentieren Sie. Nähen macht Spaß!

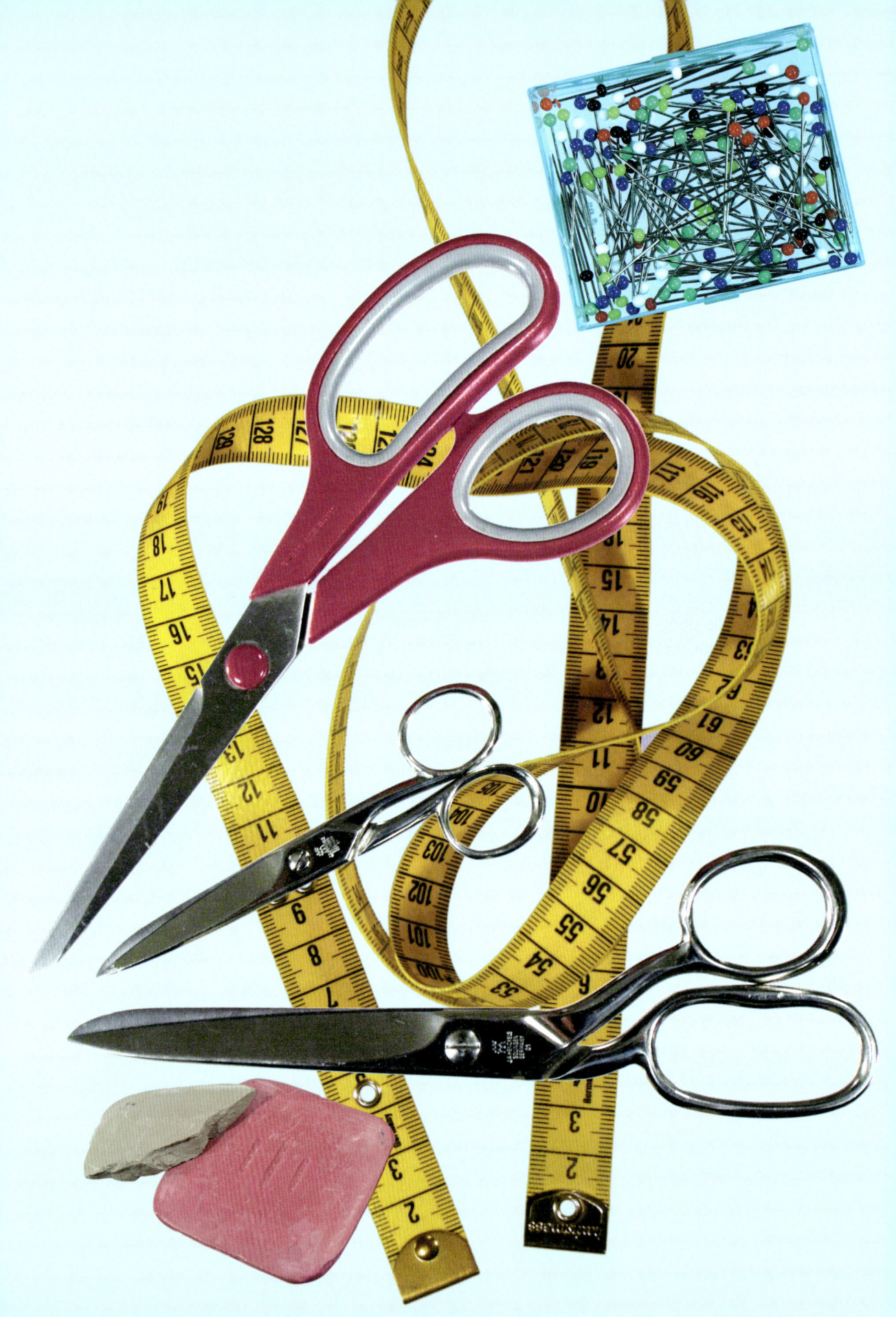

Das Handwerkszeug

Grundausstattung

Für das Selberschneidern benötigen Sie eine Grundausstattung an Arbeitsmitteln. Hier ein erster Überblick; auf den folgenden Seiten werden die einzelnen Werkzeuge ausführlicher vorgestellt.

Als allererstes Hilfsmittel zum Selberschneidern nach Maß benötigen Sie ein **Maßband**. Mit den gängigen Textilmaßbändern von 1,5 Meter Länge können Sie sich vermessen lassen, alle übrigen Personen vermessen und im späteren Schaffensprozess alle Maße Ihres Kleidungsstücks kontrollieren.

Eine **Tube** oder einen **Stift Alleskleber** für die Schnittmuster-Seiten haben Sie bestimmt im Haus.

Zum Start empfehlenswert sind **drei Scheren**. Mit der **Papierschere** bereiten Sie das Schnittmuster vor, die **Stoffschere** benötigen Sie für den eigentlichen Materialzuschnitt und die kleine **Nähschere** werden Sie häufig zum Fadentrennen und vielem mehr verwenden.

TiPP: Bitte sparen Sie nicht bei der Stoffschere: Ein einwandfreier, leichtgängiger Zuschnitt hilft Frust und Weh vermeiden!

Für das Feststecken der Schnittmusterteile auf dem Stoff und das spätere Zusammenstecken der Stoffteile zum Nähen und zur Anprobe benötigen Sie eine Anzahl **Stecknadeln**.

Die **Schneiderkreide** brauchen Sie für das Zeichnen der Schnittteile, der Zugaben und aller wichtigen Markierungspunkte auf dem Stoff.

Nadel und Heftfaden sind unverzichtbar für das Heften der Stoffteile vor dem Nähen und für die Optimierung der Passform, z. B. der Saumlänge bei der Anprobe.

Außerdem benötigen Sie einen Trenner (Fadenschneider): Heftnähte müssen geöffnet werden; und falls Sie sich doch einmal vernäht haben sollten, spart der Trenner viel Zeit gegenüber der Verwendung einer Schere. Auch ist das Risiko geringer, das Material beim Trennen zu verletzen.

Und zuletzt die größte Investition: die Nähmaschine. Lassen Sie sich bei einem Erstkauf in Ruhe beraten – mehr Informationen hierzu ab S. 36.

Maßband

Das gängige Maßband für SelberschneiderInnen ist gelb, 1,5 Meter lang, aus beschichtetem Textilgewebe und hat eine übersichtlichen Zentimeter/Millimeter-Einteilung. Hiermit können Sie alle erforderlichen Vermessungsarbeiten durchführen. Auch als fleißige SelberschneiderIn werden Sie erst in Jahrzehnten Ersatz beschaffen müssen. (Es gibt auch andersfarbige Ausführungen in teilweise hübschen Designs.) Sehr praktisch zum Mitnehmen (z. B. beim Stoffkauf oder beim Vermessen des Enkels) sind Maßbänder, die aufgerollt in ein Gehäuse gespannt sind.

Ein Zollstock eignet sich für das Messen der Körperlänge besser als das Maßband.

Ich bin übrigens ein Anhänger des Geodreiecks. Die Markierung von Zugaben, Falten, Knopflöchern und vieles mehr gelingt gerade mit der großen Ausführung schnell und fehlerarm.

Scheren

Scheren gehören ganz sicher zu den wichtigsten und unverzichtbarsten Handwerkszeugen. Sparen ist hier eher nicht angesagt.

Für einen gelungenen Start benötigen Sie die folgenden Scheren:

✂ eine gute Schneiderschere ❶ für Stoffe (auch doppelt liegender schwerer Jeansstoff sollte sauber und schmerzfrei zugeschnitten werden können)
✂ eine kleinere Schere ❷ zum Nähen (zum Faden trennen oder für kleine Einschnitte im Stoff)
✂ eine Papierschere ❸ für die Arbeit am Schnittmuster
✂ diesen **Fadenschneider** ❹ liebe ich
✂ eine kleine Papierschere ❺
✂ eine Zackenschere ❻ zum Versäubern einiger fransender Stoffe oder für Verzierungen

Wer wie ich Linkshänder ist, sollte sich für eine saubere Schnittleistung (vertauschte Klingenseiten) und blasenarmen Daumen spezielle Linkshänder-Scheren ❼ anschaffen.

Nadel und Faden

Handarbeit

Auch wenn Sie eine Nähmaschine besitzen, können einige Arbeiten ausschließlich oder besser mit der Hand ausgeführt werden. Hierfür sollten Sie eine Sammlung verschieden großer Nähnadeln besitzen.

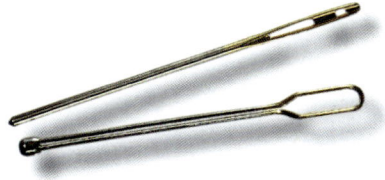

Folgende Dinge lassen sich nur per Hand erledigen:

✂ Heftnähte und Markierungsstiche vor und während der Anprobe. Hierzu verwenden Sie am besten einen nicht zu reißfesten Faden in einer Kontrastfarbe, der sich nach Erledigung seiner Aufgabe leicht wieder entfernen lässt.
✂ Nähte an Stellen, die die Nähmaschine entweder schlecht erreichen kann oder für die verfügbaren Stichformen nicht geeignet sind, z. B. „unsichtbare" Innennähte an Ärmeln und Krägen oder einzelne Befestigungsstiche für Belege und Futter.
✂ Anbringen von Applikationen, z. B. Perlen oder Pailletten.
✂ Knöpfe annähen.

Maschinen-Nadeln

Zusammen mit Ihrer Nähmaschine werden Sie auch gleich Maschinennadeln erworben haben. Mit den Standardnadeln mittlerer Größe werden Sie die meisten Dinge erfolgreich bewältigen können.

Für noch bessere Nähergebnisse ist aber eine größere Auswahl von Nadeln für Ihre Maschine sinnvoll:

✂ Die Standardnadeln gibt es je nach Feinheit des Stoffes in verschiedenen Stärken.
✂ Für das Nähen von Stretchmaterial sind spezielle Stretch-Nadeln empfehlenswert, da sie die elastischen Fäden des Stoffes nicht verletzen.
✂ Leder näht sich besser mit Leder-Nadeln mit dreieckiger, schneidender Spitze.
✂ Mit Doppelnadeln lassen sich in einem Arbeitsschritt saubere, parallele Doppelnähte ausführen.

Eine komplette Übersicht aller verfügbaren Nadeltypen finden Sie gewöhnlich im Handbuch Ihrer Nähmaschine.

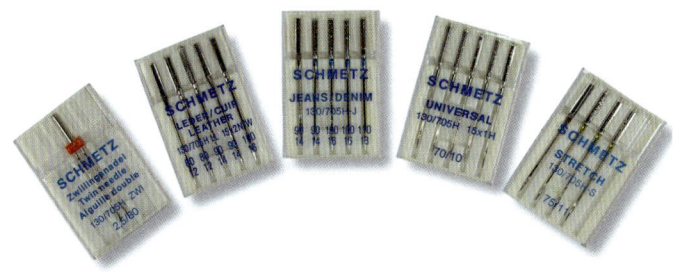

Nähgarne

Nähgarne gibt es im Handel in einer geradezu unglaublichen Auswahl.

Zunächst ist sicher die **Farbe** des Garnes wichtig. Meistens werden Sie ein Garn in der Stofffarbe wählen, das am fertigen Kleidungsstück praktisch unsichtbar ist. Manchmal kann aber auch eine kontrastreiche Steppnaht hervorragend aussehen.

TiPP: Tipp zur Beurteilung der Garnfarbe: Besser immer einen einzelnen Faden auf den Stoff legen. Der Faden auf der Rolle wirkt anders und kann zum Fehlkauf führen.

TiPP: Kaufen Sie zusammen mit dem Stoff auch immer gleich das passende Garn. Haben Sie immer einfaches schwarzes und weißes Garn für Heft- und Markierungsarbeiten vorrätig.
Verwenden Sie gelegentlich für sehr stabile Verbindungen – oft bei Leder – den festen Zwirn.

Ein weiteres Merkmal ist das **Garnmaterial**:

- Synthetik-Garne sind sehr verbreitet und praktisch. Sie sind stabil, laufen nicht ein, verfärben sich nicht, sind sehr glatt und leicht zu vernähen.
- Garne aus Baumwolle oder Seide sollten Sie erwägen, wenn Sie auch einen reinen Stoff des jeweiligen Materials verwenden.

Auch die **Qualität** des Garns ist wichtig: Das Garn sollte stabil und glatt (nicht zu rau oder gar knotig) sein, damit es sauber von der Maschine verarbeitet werden kann und nicht zu Störungen führt.

Sie werden darüber hinaus viele spezielle Garne finden, die zum Experimentieren einladen: transparente Garne, Garne mit Farbverlauf, dick plusternde Ziergarne, goldene oder silberne Metallgarne.

Nähmaschine

Kaum jemand wird heute noch die Geduld aufbringen, ein Kleid mit der Hand zu nähen. Aus diesem Grund werden Sie in eine Nähmaschine investieren, die Ihnen diese Arbeit zuverlässig abnimmt. Wenn Sie sich im Handel umschauen, werden Sie ein großes Angebot an Nähmaschinen mit Preisen zwischen 50,– und 5000,– Euro finden.

Nähern wir uns einer Entscheidung:

Was Sie auf jeden Fall brauchen, ist eine **Haushaltsnähmaschine**, die die Materialien Ihrer Wunschprojekte sauber und möglichst störungsfrei versäubert und zusammennäht. Dafür genügen Geradstich und Zickzackstich, deren Länge und Breite einstellbar sind. Eine solche Nähmaschine ist heute bereits für ca. 100,– Euro im Supermarkt erhältlich.

Wenn Sie zu einer „Mittelklasse-Nähmaschine" greifen, kaufen Sie auch mehr Funktionen und Komfort. Besonders sinnvoll sind beispielsweise Stiche für elastisches Material und das automatische Nähen von Knopflöchern; oft können Sie aus Dutzenden von Nutz- und Zierstichen wählen. Durch die elektronische Regelung und den Ober- und Untertransport werden sowohl sehr dünne als auch sehr dicke Stoffe zuverlässig genäht, ohne das Material oder die Nadeln zu zerstören. Ich verwende seit über zehn Jahren ein Marken-Mittelklassemodell für knapp unter 1000,– Euro und bin damit sehr zufrieden.

Nähmaschinen, die über 1000,– Euro kosten, verfügen zumeist über eine steigende Anzahl von Zierstichen; mit noch teureren Maschinen haben Sie die Möglichkeit, flächige Muster zu sticken.

Was ich empfehle? Schwierig.

Wenn Sie es sich leisten können, kaufen Sie unbedingt ein Mittelklassemodell im Fachgeschäft, wo Sie sich vor dem Kauf in Ruhe an die Maschine setzen und unter Anleitung probieren können. Sie werden dann wahrscheinlich sehr lange Freude an Ihrer Nähmaschine haben.

Auch viele der Billignähmaschinen sind nicht generell unbrauchbar. Und als Näh-Anfänger möchten Sie vielleicht sparen. Nur wäre gerade in diesem Fall eine Einweisung und eigenes Probieren vor dem Kauf wichtig – und das ist beim Kauf von Billignähmaschinen meist nicht möglich. Sie werden mit einer solchen preiswerten Maschine hinsichtlich des verwendbaren Materials schneller an Grenzen stoßen, und Sie müssen häufiger mit Nähunterbrechungen durch Fadenwirrwarr oder Nadelbruch rechnen. Aber falls Sie das nicht abschreckt: Mit einer preiswerten Maschine werden Sie immer noch bessere Ergebnisse erzielen als ganz ohne Nähmaschine.

Mit etwas Erfahrung und/oder Mut können Sie sich auch nach gebrauchten Nähmaschinen umschauen. Die Lebensdauer guter Nähmaschinen ist erstaunlich. So liefert z. B. die Erst-Nähmaschine meiner Mutter von 1952 noch heute absolut tragbare Ergebnisse.

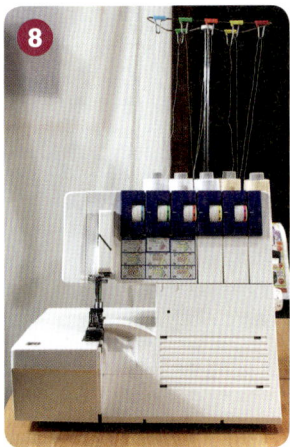

Nach einiger Näh-Erfahrung kommt für den Selberschneider auch eine zusätzliche **Overlock-Maschine** ❽ in Frage. Der Vorteil dieser Technik ist die Verwendung einer größeren Anzahl von Fäden zur Erzeugung komplexer, sicherer, professionell aussehender Nähte. Ein weiterer entscheidender Vorteil ist das gleichzeitige Nähen, Versäubern und Abschneiden der überschüssigen Nahtzugabe in einem einzigen Arbeitsschritt. Wer viel näht, kann damit viel Zeit sparen und besser aussehende Ergebnisse erzielen.

MEHR INFO:
Nähen mit der Overlock
(Seeberg/Schillack, 2002)

Wenn dann Ihre Nähmaschine schnurrt und wie von selbst gerade, dichte, stabile Nähte hervorzaubert – denken Sie einmal daran, wie vor gerade einmal 100 Jahren mit den ersten Nähmaschinen oder davor sogar ausschließlich mit der Hand gefertigte, teils beeindruckende Kleidungsstücke entstanden.

Bügeleisen

Auch ein Bügeleisen gehört zum wichtigen Handwerkszeug des Selberschneiders, aus zwei Gründen:

1. Vor der Verarbeitung sollten Sie neu erworbene Stoffe grundsätzlich waschen und bügeln, wie Sie es auch mit fertigen Kleidungsstücken tun. Zum einen können sich neue Materialien dadurch noch in der Form verändern (meist leicht einlaufen, was aber be-

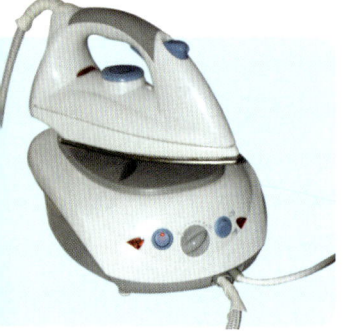

sonders bei reiner Baumwolle völlig normal ist). Zum anderen merken Sie frühzeitig, wenn entweder das Material nichts taugt oder Ihnen beim Waschen oder Bügeln Fehler unterlaufen. So kann es passieren, dass Sie eine zu hohe Wasch- oder Bügeltemperatur wählen (siehe dazu die Hinweise hierzu im Kapitel „Das Material" ab S. 55), empfindliche Oberflächen nehmen vielleicht beim Direktkontakt zum Bügeleisen Schaden oder – dies ist mir einmal passiert – das Material verzieht sich beim Bügeln bis zur Unverarbeitbarkeit. All dies sollte man besser *vor* dem Nähen wissen.

2. Auch für Bügeleinlagen oder Applikationen, die nur aufgebügelt werden müssen, brauchen Sie ein Bügeleisen (siehe Abschnitt „Einlagen/Verstärkungen/Polster" auf S. 74).

Spätestens während des Nähens sollten Sie das Bügeleisen einsetzen: Rechts auf rechts gearbeitete Nähte lassen sich am besten auseinanderbügeln, solange die Nähte am angearbeiteten Kleidungsstück noch gut zugänglich sind. Durch geschicktes Bügeln lässt sich auch der Sitz der Schulterkugeln, des Brustbereichs sowie aller aus den flachen Materialbahnen herausgearbeiteten Rundungen erstaunlich verbessern.

Das Maßnehmen

ICH bin normal!

42
(Douglas Adams,
The Hitchhiker's Guide to the Galaxy)

Ich nehme das hübsche Kleid vom Ständer mit dem Etikett „Größe 42" in die Umkleidekabine. Der vergebliche Versuch, den Reißverschluss zu schließen, führt mich zu der Frage nach meinem Leben, meinen Wohlfühlmaßen und der passenden Kleidung dafür.

Das Maßnehmen, mit dem wir uns auf den folgenden Seiten befassen wollen, ist natürlich in erster Linie eine Frage von Maßband und Geradestehen – doch darüber hinaus auch immer wieder Anlass zur Auseinandersetzung mit den eigenen Maßen.

Dazu an dieser Stelle nur einige Fragen, die jeder für sich selbst beantworten mag:

✂ Ist die Diskussion um Size Zero und Magermodels wichtig für Ihr Idealbild? Sind Models nicht eher einem beruflich bedingten gesundheitlichen Risiko ausgesetzt wie beispielsweise Leistungssportler und Bergarbeiter?
✂ Sind die Tendenzen zur öffentlichen Hervorhebung „normaler Menschen" (zu sehen in der Plakatwerbung einer Kosmetikfirma oder in der Abkehr einer Frauenzeitschrift von Profimodels) Ausdruck der allgemeinen Meinung oder Versuchsballons zur Befriedigung des Zeitgeists?
✂ Ist der Erfolg beispielsweise von Beth Ditto (Sängerin der Gruppe GOSSIP) auf Bühne und Laufsteg eine Freakshow oder Zeichen wachsender Toleranz?

Ich jedenfalls bin der festen Überzeugung, dass persönliches Glück, Authentizität und Selbstbewusstsein keine Fragen des Gewichts, der Größe oder des Brustumfangs sind.

Standardmaße

Regelmäßig werden Menschen in vielen Ländern systematisch vermessen. In Deutschland führend sind hier die Hohenstein-Institute. Diese Vermessungen führen zu Standardgrößen in der Bekleidungsindustrie, bei denen die Menschen in verschiedene Kategorien eingeteilt werden (siehe unten).

Diese Vorgehensweise ist sinnvoll und notwendig für die industrielle Herstellung von Kleidung. Sicherlich haben auch Sie die Standardgrößen für Ihre Kleidung im Kopf.

Im Programm *PASST!* werden Ihnen für die Schnittmuster über 100 Standardgrößen zum Abgleich und zur Orientierung bereitgestellt ❶:

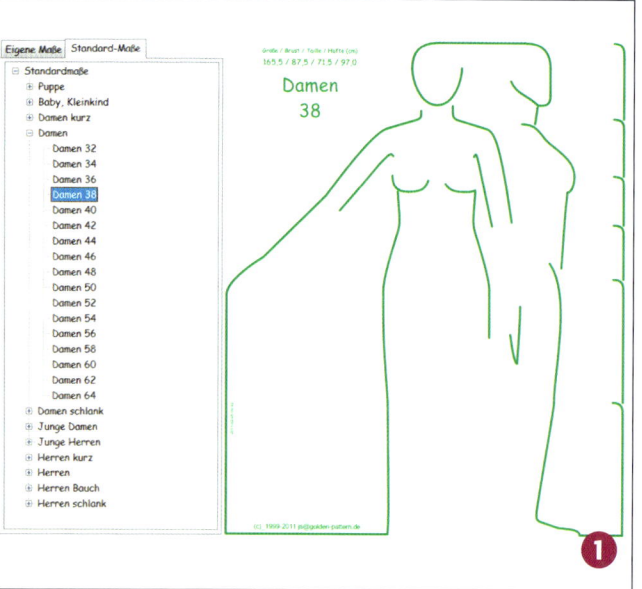

Babys und Kleinkinder (B):	50 bis 146
Junge Damen (JF):	152 bis 188
Junge Herren (JM):	152 bis 188
Damen (F):	32 bis 64
Damen schlank (FS):	68 bis 116
Damen kurz (FK):	17 bis 29
Herren (M):	38 bis 78
Herren schlank (MS):	88 bis 126
Herren kurz (MK):	23 bis 33
Herren Bauch (MB):	51 bis 75

und für Puppenkleidung:

Ankleidepuppe	30 cm
Ankleidepuppe	95 cm
Babypuppe	42 cm
Gliederpuppe (BJD 1/3)	60 cm

Diese Standardgrößen wurden aus vielen frei verfügbaren Quellen zusammengetragen und homogenisiert, die Nummerierung entspricht der deutschen Größensystematik.

Bitte vertrauen Sie den Nummern aber nicht blind: Unterschiedliche Quellen nennen oft voneinander abweichende Maße; Sie werden sicher im Geschäft schon öfter die Erfahrung gemacht haben, dass Ihnen eine Hose oder ein Jackett derselben Größe nicht immer gleichartig passt.

Die beste Lösung für Sie als SelberschneiderIn ist daher die Verwendung individueller Maße – nutzen Sie die Standardmaße möglichst nur zur Orientierung.

Persönliche Maße aufnehmen

Der erste Schritt zur Kleidung nach Maß ist die Vermessung des Körpers. Für die Aufnahme Ihrer eigenen Maße benötigen Sie ein Maßband, das Maßformular zum Eintragen der Maße und eine Person, die Sie vermisst – sich selbst richtig vermessen funktioniert nicht.

Es ist nicht immer leicht, den richtigen Kompromiss zu finden zwischen der Anzahl der für eine perfekte Passform erforderlichen Einzelmaße, der Komplexität der Maßdefinition und der Geduld der ausführenden Menschen.

Die denkbar schlichteste Lösung ist sicherlich das seit den 1940er Jahren bis heute fast unverändert angebotene System *Der Goldene Schnitt* (Der Goldene Schnitt, 1940). Aus lediglich zwei Maßen, Oberweite und Hüftweite, werden – durchaus erfolgreich - Schnittmuster erstellt. Selbstverständlich sind diesem Ansatz schnell Grenzen gesetzt, vor allem bei vom Durchschnitt abweichenden sonstigen Maßen. (Übrigens: Die Namensähnlichkeit ist absolut zufällig, *Der Goldene Schnitt* und *golden-pattern* haben nichts miteinander zu tun.)

Heute gibt man gewöhnlich Brust-, Taillen- und Hüftumfang an; gelegentlich ergänzt durch Ärmel- oder Hosenbeinlänge.

Die automatische 3-D-Vermessung ist sicher die beste Lösung: In natürlicher Haltung, nur mit Unterwäsche bekleidet, können durch optische Abtastung praktisch alle relevanten Körpermaße genau und reproduzierbar ermittelt werden. Die künftige Verbreitung dieser recht neuen Technologie bleibt abzuwarten. Meine Voraussage: Dies ist die selbstverständliche Zukunft der Maßerfassung.

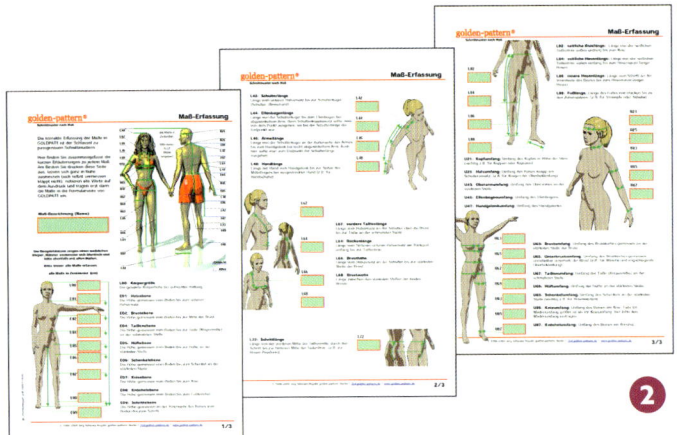

Aber zurück in die Gegenwart:

Der Kompromiss des Systems **golden-pattern** – *Schnittmuster nach Maß* besteht aus der Erfassung von 34 sich ergänzenden und sich zum Teil gegenseitig erklärenden Einzelmaßen. ❷

Diese Vorgehensweise hat sich in den zehn Jahren des Bestehens von **golden-pattern** bewährt: Die Vermessung dauert nur wenige Minuten und die Passform-Ergebnisse sind absolut überzeugend.

Schauen wir uns im Folgenden die einzelnen Maße genauer an:

Die Maße

Überlegen Sie sich zuerst eine Bezeichnung für die spätere Speicherung der Maße in *PASST!*, am besten wählen Sie den Namen der Person, vielleicht ergänzt um das Datum oder einen Hinweis, z.B. „Janina_2011-05".

In einem zweiten Schritt nehmen Sie die einzelnen Maße in der angegebenen Reihenfolge. Bitte lesen Sie die Hinweise zu den einzelnen Maßen und schauen Sie sich die Abbildung genau an: Maßbezeichnungen werden manchmal bei verschiedenen Herstellern unterschiedlich interpretiert.

TiPP: Bitte erfassen Sie stets vollständig alle Maße, möglichst in Zentimetern, so werden später auch die Maße in *PASST!* eingetragen.

L00 Körpergröße
Die gesamte Körperhöhe
bei aufrechter Haltung.

E01 Halsebene
Die Höhe gemessen vom Boden
bis zum Halsansatz.

E02 Brustebene
Die Höhe gemessen vom Boden
bis zur stärksten Stelle der Brust.

E03 Unterbrustebene
Die Höhe gemessen vom Boden
bis direkt unter den unteren Brustansatz.

E04 Taillenebene
Die Höhe gemessen vom Boden
bis zur Taille.

E05 Hüftebene
Die Höhe gemessen vom Boden
bis zur Hüfte.

E06 Schenkelebene
Die Höhe gemessen vom Boden
bis zum Schenkel.

E07 Knieebene
Die Höhe gemessen vom Boden
bis zum Knie.

E08 Knöchelebene
Die Höhe gemessen vom Boden
bis zum Fußknöchel.

E09 Schrittebene
Die Höhe gemessen vom Boden
bis zum Schritt.

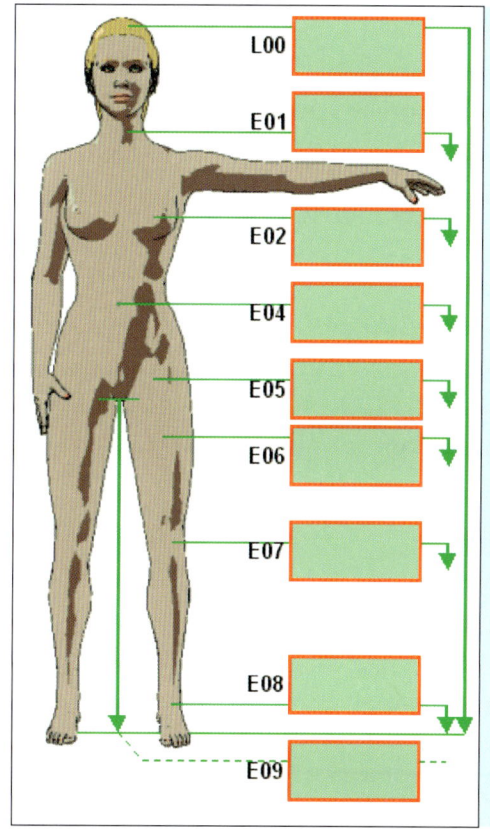

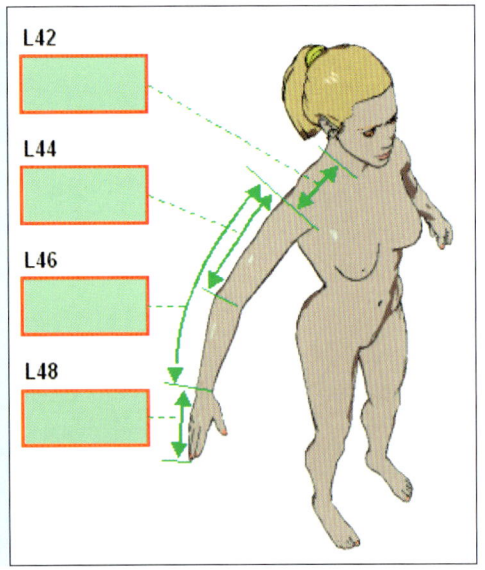

L42 Schulterlänge
Länge vom unteren Halsansatz
zur Schulterkugel.
L44 Ellenbogenlänge
Länge von der Schulterkugel
an der Außenseite des Armes entlang
bis zum Ellenbogen.
L46 Ärmellänge
Länge von der Schulterkugel an der
Außenseite des Armes entlang bei leicht
angewinkeltem Arm bis zum Handgelenk.
L48 Handlänge
Länge der Hand vom Handgelenk
bis zur Spitze des Mittelfingers
bei ausgestreckter Hand.

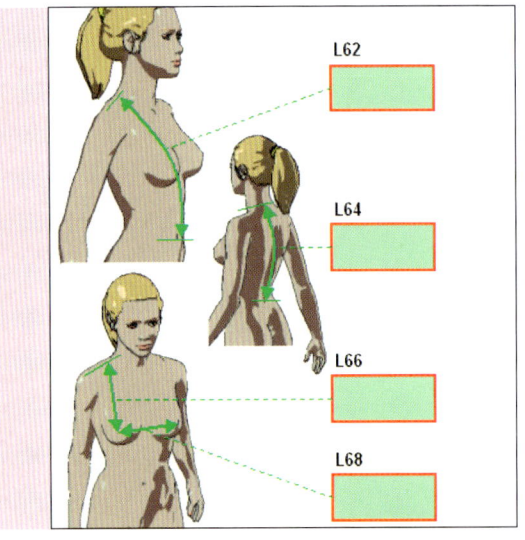

L62 Vordere Taillenlänge
Länge vom Halsansatz an der Schulter
über die Brust bis zur Taille.
L64 Rückenlänge
Länge vom hinteren unteren Halsansatz
am Rückgrad entlang bis zur Taille.
L66 Brusthöhe
Länge vom Halsansatz oben an der
Schulter bis zur stärksten Stelle der Brust.
L68 Brustweite
Länge zwischen den beiden stärksten
Stellen der Brust.

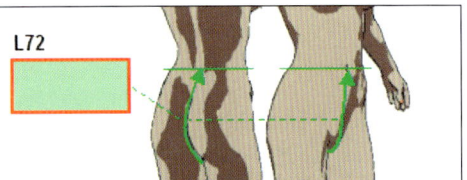

L72 Schrittlänge
Länge von der vorderen Mitte der Taille
durch den Schritt bis zur hinteren Mitte
der Taille.

L82   Seitliche Knielänge
Länge der seitlichen Linie von der Taille
außen entlang bis zum Knie.

L84   Seitliche Hosenlänge
Länge der seitlichen Linie von der Taille
außen entlang bis zum Hosensaum
langer Hosen.

L86   Innere Hosenlänge
Länge vom Schritt an der Innenseite
des Beines bis zum Hosensaum
langer Hosen.

L88   Fußlänge
Länge des Fußes vom Hacken
bis zu den Zehenspitzen.

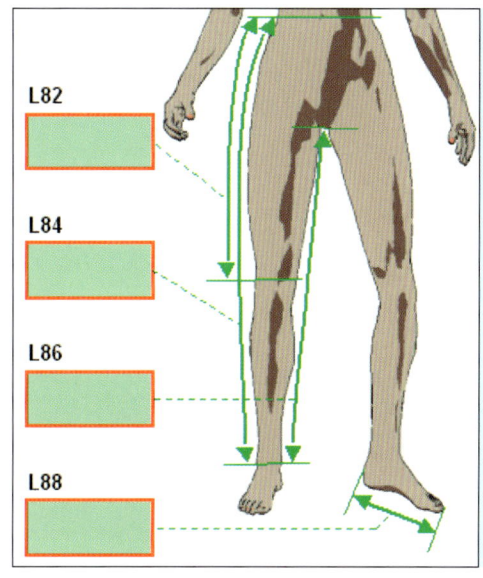

U21   Kopfumfang
Umfang des Kopfes an der Stirn.

U25   Halsumfang
Umfang des Halses knapp am
Schulteransatz.

U43   Oberarmumfang
Umfang des Oberarms
an der stärksten Stelle.

U45   Ellenbogenumfang
Umfang des Ellenbogens.

U47   Handgelenkumfang
Umfang des Handgelenks.

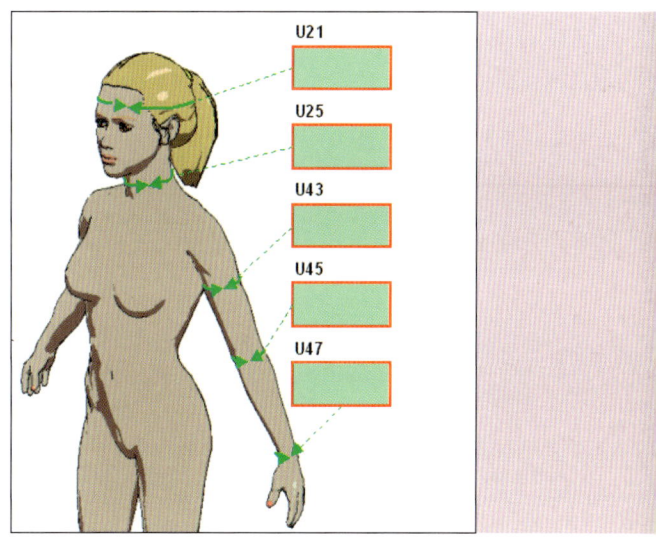

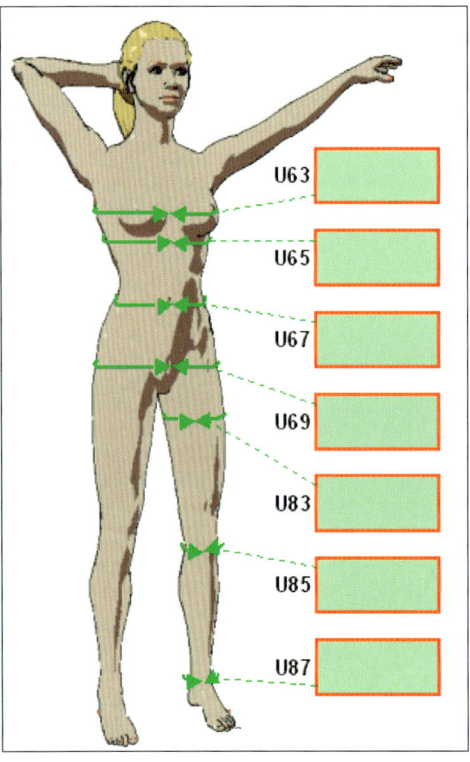

U63 Brustumfang
Umfang der Brust an der stärksten Stelle.

U65 Unterbrustumfang
Umfang des Brustkorbes gemessen unmittelbar unterhalb der Brust.

U67 Taillenumfang
Umfang der Taille an der schmalsten Stelle.

U69 Hüftumfang
Umfang der Hüfte an der stärksten Stelle.

U83 Schenkelumfang
Umfang des Schenkels an der stärksten Stelle.

U85 Knieumfang
Umfang des Beines am Knie.
Falls Ihr Wadenumfang größer ist als Ihr Knieumfang, hier bitte den Wadenumfang eintragen.

U87 Knöchelumfang
Umfang des Beines am Knöchel.

Wie Sie die Maße im Programm *PASST!* erfassen und nutzen können, erfahren Sie auf S. 119.

Die Models und die Muster

Sie werden Ihnen auf den Seiten dieses Buches immer wieder über den Weg laufen: die „Models" von *golden-pattern*. Sie bilden das ideale Team: stehen still, nehmen weder ab noch zu, zicken nicht rum, und das alles zum günstigen Stundensatz.

An diesen Figuren sowie an wechselnden menschlichen „Versuchsobjekten" werden die Schnittmuster von *golden-pattern* – speziell die Anpassbarkeit an verschiedene Größen und Proportionen (das sogenannte Gradieren) – ausführlich getestet. Sie tragen Musterstücke, die nach ihren individuellen, genauen Maßen entstanden sind – all dies und noch sehr viel mehr ist mit den beiliegenden Schnittmustern möglich:

„Rhea"

(176/105/82/112)

Standardgröße:

ca. Damen 48 / Damen groß 96

Kleid aus grünem Samt, bodenlang mit kurzer Schleppe, tailliert, weiter Kastenausschnitt, lange gerade Ärmel.

Jacke aus Baumwoll-Netzmaterial, hüftlang mit geradem Saum, V-Ausschnitt, Dreiviertelärmel.

„Tri"

(176/88/58/87)

Standardgröße:

ca. Damen 36 / Damen schlank 72

Kleid aus schwarzem Paillettenstoff, anliegend, runder Halsausschnitt, Verschluss hinten, knielang, Rock leicht ausgestellt, ohne Ärmel.

Jacke in Bolero-Länge, taillierte Passform, gewinkelter Saum, Knopfverschluss, Kapuzenkragen, Stummelärmel.

Legende der Maße:

(Körpergröße / Brustumfang / Taillenumfang / Hüftumfang) in Zentimeter

„Neo"

(187/93/76/96)

Standardgröße:

ca. Herren 48 / Herren schlank 94

Jacke als Bademantel in grünem und blauem Frottee, knielang und weit, überlappender Verschluss mit zusätzlichem Bindegürtel, Schalkragen, kurze weite Ärmel.

„Pia"

(102/55/51/56)

Standardgröße:

ca. Kleinkind 104

Kleid aus gelben Leinen-/Baumwoll-Mix, rot abgesteppt, gerade geschnitten und gut knielang, halsnaher Rundausschnitt, Verschluss hinten, Rock ausgestellt, geraffte kurze Ärmel.

„Baby"

(42/28/29/32)

Standardgröße:

ca. Baby 50

Jacke aus Frottee, langer Schnitt mit langem Ärmel, Verschluss hinten.

„Joe"

(85/49/47/52)

Standardgröße:

ca. Kleinkind 86

Warme, lange, weite Jacke aus Fellplüsch, mit Zweiwege-Reißverschluss, Abschlüsse mit Strickbündchen.

Mütze aus Restmaterial, Fellplüsch mit Strickbund.

„Puppe"

(60/24/17/24)

Japanische Gliederpuppe (BJD 1/3)

Maßstab ca. 1:3

Kleid aus rotem Stretch, anliegend, kurz, mit frei konstruierten angeschnittenen Verlängerungen, weiter Rundausschnitt, ohne Ärmel.

Jacke mit Kapuze aus schwarzem, transparenten Baumwollmaterial, bodenlang, Stummelärmel.

Anprobe!

Regelmäßige Anproben sind unverzichtbar für perfekt sitzende Kleidungsstücke! Auch wenn Sie Ihr Schnittmuster „nach Maß" ausgegeben haben, sind einige Details des Kleidungsstücks in Originalgröße am Körper im wahrsten Sinne be-greif-barer.

Wie Sie Änderungen vornehmen, die sich möglicherweise aus den Anproben ergeben, lesen Sie im folgenden Kapitel „Den Schnitt anpassen".

Während des Entstehens Ihres Kleidungsstücks sind in vier Phasen Anproben sinnvoll:

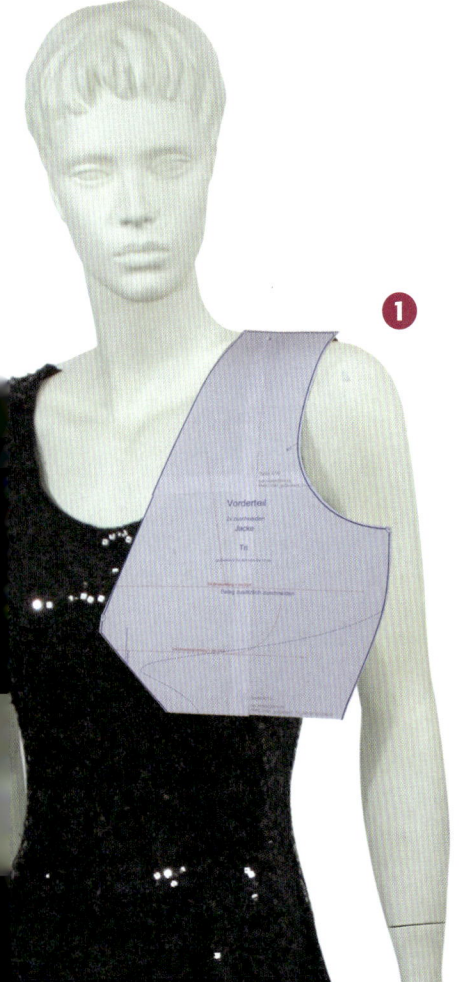

Papierschnittmuster anlegen

Sobald Sie das Schnittmuster ausgeschnitten haben, sollten Sie unbedingt die Papierteile vor dem Zuschnitt an den Körper halten ❶ und prüfen: Passen die Schnittmusterteile um Brust und Taille herum? Stimmt die Schulter- und Ärmellänge?

So können Sie Fehler vermeiden, die viele Gründe haben können: Missverständnisse bei der Maßerfassung, nicht maßstabsgerechter Ausdruck, versehentliche Ausdrucke mit Stretch-Passform bei festem Material etc.

Ein weiterer Vorteil: Sie gewinnen einen allerersten Eindruck der Wirkung des Kleidungsstücks am lebenden Menschen. Und: Jetzt können Sie noch wesentliche Dinge leicht verändern, wie z. B. Rocklängen.

Anprobe nach dem Heften

Die nächste Pflicht-Anprobe steht an, wenn Sie die einzelnen Stoffbahnen des Körpers des Kleidungsstücks geheftet haben. ❷ Empfehlenswert ist das Heften der Seitennähte (und, falls vorhanden, weiterer Körpernähte wie beim Prinzesskleid) mit einem weiten Geradstich ohne Vernähen, die Schulternaht wird mit Stecknadeln in der vorgegebenen Form zusammengesteckt.

Jetzt ist das Kleidungsstück schon sehr gut vorstellbar. An der Schulternaht (einfach neu zusammenstecken), am Armausschnitt und an den Körpernähten, besonders bei anliegenden Modellen, sind jetzt noch leichte Korrekturen möglich.

Wenn Sie für sich selbst nähen, sollten Sie bei dieser Anprobe für das Abstecken von Änderungen jemanden um Hilfe bitten.

Ärmel einsetzen

Bei Modellen mit Ärmel steht die nächste Anprobe an, wenn der Körper des Kleidungsstücks passt und genäht ist und nun die Ärmel eingenäht werden sollen. ❸

Durch Veränderung der Lage des Ärmels im Armloch und der Armkugel lassen sich während der Anprobe an dieser wohl komplexesten Stelle des Körpers noch bedeutende Passform-Verbesserungen erzielen.

Auch hier benötigen Sie unbedingt Hilfe zum Probieren und Markieren der Änderungen.

4 Saumlagen und -längen

Die letzte Anprobe erfolgt, nachdem das Kleidungs-stück fast fertiggestellt ist und nur noch die Säume of-fen sind.

Schlagen Sie die Säume genau in der gewünsch-ten Länge/Höhe nach innen und stecken Sie sie mit Stecknadeln fest. 4 Dadurch erreichen Sie auch, dass je nach persönlicher Körperhaltung der Rock-/Kleider-saum vorn und hinten gleich lang erscheint.

Den Schnitt anpassen

Obwohl gravierende Schnittanpassungen durch die Verwendung Ihrer persönlichen Maße nicht mehr notwendig sein werden, kann auch genaueste Maßerfassung die kleineren Anpassungen für eine optimale Passform nicht ersetzen. Wenn möglich, sollten Schnittänderungen bereits am Papierschnitt durchgeführt werden; einige Änderungen lassen sich im Stoff später nicht mehr realisieren.

Maß-Überprüfung

Als wichtigste Maßnahme gegen Stoffverschwendung prüfen Sie bitte die Umfangsmaße, d.h. ob das Schnittmuster in der gewünschten Weite um Ihren Körper herumpasst.

Ist dies nicht der Fall, liegt es fast immer an den folgenden Ursachen:

✂ Prüfen Sie das Testquadrat ❶ auf der ersten Schnittmusterseite. Sind es genau 10×10 cm? Falls nicht, schauen Sie sich die auf S. 117 beschriebenen Druckparameter an.

✂ Stimmen die eingegebenen Maße? Möglicherweise haben Sie die Maßbeschreibung falsch verstanden, sich beim Vermessen geirrt oder sich bei der Erfassung der Maße vertippt?

✂ Entspricht die gewählte Passform dem gewünschten Material? Das Kleider-Schnittmuster in der Passform „Stretch" werden Sie z. B. in Jute nicht realisieren können.

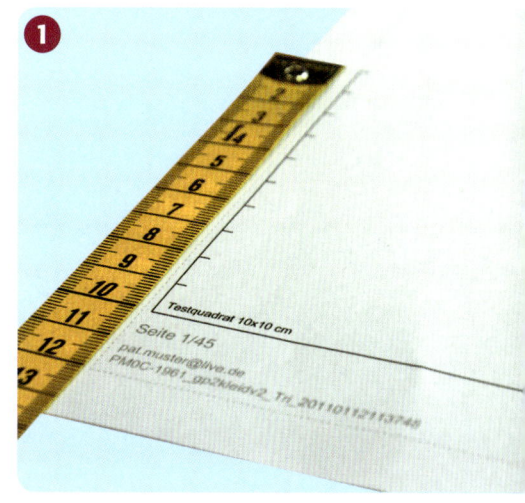

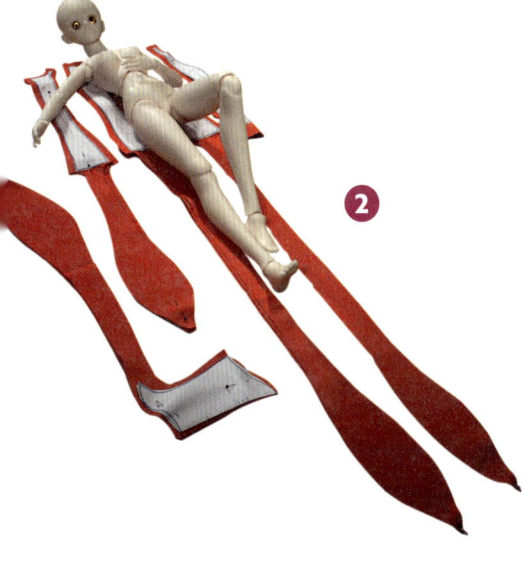

Es gibt auch Gründe für gezielte Schnittänderungen:

Individuelle Passformwünsche

Möglicherweise wünschen Sie sich eine Ausführung, die von den verfügbaren Varianten des Schnittmusters abweicht, z.B. einen besonders weiten Ärmel oder eine längere Schleppe am Kleid? Dann können Sie leicht auf Basis der naheliegendsten Schnittvariante Ihre Änderungen auf dem Papier einzeichnen.

Ein extremes Beispiel dafür ist das Feenkleid-Muster für die Puppe, ❷ in dem der passformunkritische Saum frei gestaltet wurde, während das Maßschnittmuster am Oberkörper den generellen Sitz sicherstellt.

Besondere Körperpartien

Neben den bereits genannten Maßen sollten Sie den folgenden Körperpartien besondere Aufmerksamkeit schenken:

Schulterlinie:
Bei Oberbekleidung sollten Sie zuerst auf den Sitz an der Schulternaht achten. Der Schulterwinkel und die Geradheit der Schulterlinie können je nach Person stark variieren. ❸

Brustform:
Durch die Maße Brustebene, Brusthöhe und Brustweite sollten die Schnittteilungen und Abnäher bereits gut definiert sein. Bei größeren Oberweiten sollten Sie diese Maße aber besser nochmals prüfen: Möglicherweise wird zu dem geplanten Kleidungsstück andere

Unterwäsche als bei der Vermessung getragen oder besondere Materialeigenschaften wie stark elastischer Stretch verändern die Brust- und damit Passform.

Armausschnitt:

Die Kombination der Hals-, Brust- und Unterbrustmaße, der Schulterlänge sowie der Oberarmmaße ergeben den Armausschnitt. Den oberen Teil des Armausschnitts haben Sie bereits an der Schulter begutachtet. Unter dem Arm sollte die Seitennaht nicht beuteln oder spannen und der natürlichen Seitenlinie folgen. Auch die gewünschte Größe des Armausschnitts kann zu diesem Zeitpunkt noch leicht angepasst werden.

Halspartie / Ausschnitt vorn und hinten:

Der vordere und hintere Ausschnitt sollte in Ihrer natürlichen Körperhaltung ebenfalls gleichmäßig anliegen. Je nach Haltung können kleine Korrekturen sinnvoll sein, vorn meist durch eine straffere oder lockerere Schulter- und Seitenlinie. Falls hinten der Ausschnitt absteht, kann die hintere Naht angepasst oder zwei kleine zusätzliche Abnäher eingefügt werden.

Soll der Ausschnitt kleiner oder größer ausfallen? Passen Sie jetzt den Papierschnitt an.

Allgemeine Asymmetrien:

Kein Mensch hat völlig symmetrische Körperseiten; d.h. die linke und rechte Körperseite haben unterschiedliche Maße. In der Regel können diese Abweichungen vernachlässigt oder mit der Anprobe, z.B. beim Abstecken der Säume, automatisch bereinigt werden.

Sind die Asymmetrien gravierend (z.B. bei Behinderungen), sollten Sie folgendermaßen vorgehen: getrennt Maße für die linke und rechte Körperhälfte (benennen Sie sie z.B. „Rita-rechts" und „Rita-links") erfassen, die Schnittteile für die Körperhälften einzeln ausdrucken und anschließend nur noch die Mittelachsen bestmöglich zusammenführen.

TiPP: Viele Dinge sollten bereits am Papierschnittmuster korrigiert werden, der Feinschliff erfolgt dann bei den Anproben des gehefteten Kleidungsstücks.
Und bewahren Sie den fertigen, korrigierten „Idealschnitt" mit den Notizen darauf auf: So haben Sie eine hervorragende Ausgangsbasis für viele weitere Kleidungsstücke.

Das Musterstück

Es gibt viele gute Gründe, vor dem Nähen des gewünschten Kleidungsstücks mit dem Originalmaterial ein Musterstück anzufertigen. Gerade bei komplexeren Kleidungsstücken mit hohem Anspruch an die Passform oder sehr kostspieligem Material sollte ein Muster Pflicht sein. Auch für die Beurteilung der Wirkung des Kleidungsstücks am eigenen Körper ist ein schnell geheftetes Muster Pflicht.

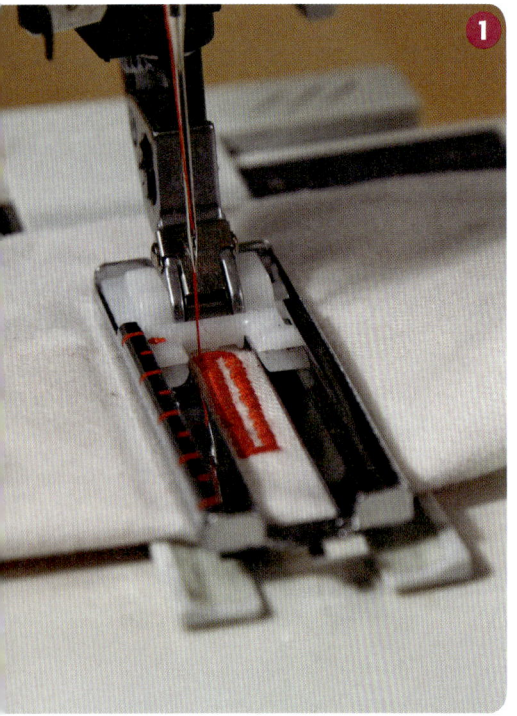

Meistens reicht es, den „kritischen" Teil eines Schnittmusters „testzunähen", z. B. die Partie oberhalb der Taille ohne Ärmel bei einem anliegenden Kleid. Vielleicht möchten Sie aber auch nur ein Knopfloch ❶ zur Probe nähen.

Liebe AnfängerInnen unter den SelberschneiderInnen: Bitte seien Sie etwas geduldig und schneidern Sie sich vor Ihrem „Traumstück" erst ein schnittgleiches Teil aus kostengünstigem Material. So gewinnen Sie Übung und schulen Ihre Vorstellungskraft. Und schließlich vermeiden Sie Frust und Geldverlust.

Als Material für das Musterstück wird in den meisten Lehrbüchern Nessel genannt, ein weißes oder ungebleichtes naturfarbenes Baumwollgewebe, das in vielen Stärken und Qualitäten erhältlich ist. Auf diesem Material lassen sich hervorragend gewünschte Korrekturen markieren.

Vor allem aber ist es wichtig, das Musterstück aus einem Material zu erstellen, das dem Zielmaterial hinsichtlich Fließverhalten/Steifigkeit und Elastizität nahekommt.

Die Verwendung eines Billig-Stoffes aus dem Sonderangebot ist hier eine gute und preiswerte Lösung.

Das Material

Für Ihr geplantes Selberschneidern-Projekt finden Sie eine unglaubliche Vielzahl von Materialien im Handel. Neben dem Obermaterial werden Sie zumindest auch einen Verschluss benötigen, wahrscheinlich auch Verstärkungen/Einlagen, Futterstoff und Verzierungen.

Im folgenden werden geeignete Materialien für die Schnittmuster in diesem Buch vorgestellt; eine umfassendere Betrachtung würde den Rahmen sprengen.

Auf den Stoffballen ist das verwendete Grundmaterial oft in Abkürzungen verschlüsselt. Bei Mischgeweben steht dahinter der jeweilige Anteil dieses Grundmaterials.

Wichtig bei der Entscheidung für ein Material oder die Zusammenstellung mehrerer Materialien für ein Kleidungsstück können auch die Pflegeanforderungen sein. Sollten die Pflegesymbole beim Stoffkauf nicht ersichtlich sein, wenden Sie sich an das Fachpersonal.

Materialabkürzungen:

CO	Baumwolle
W*	Wolle (die 2. Stelle bezeichnet das Tier; O/V=Schaf, K=Kamel, L=Lama, M=Mohair, A=Angora)
SE	Seide
JU	Jute
LI	Leinen
CV	Viskose
P*	Poly… (synthetisches Material)

MEHR INFO: Wenn Sie weiterlesen wollen: „Enzyklopädie Nähstiche und Stoffe" (Knight, 2008).

MEHR INFO: Informationen zu den Textilpflegesymbolen finden Sie bei GINETEX (http://www.ginetex.net/labelling/care-labelling/care-symbols).

Wie finden Sie

Einkaufen gehen: mit Zeit und Mut

Viele Aspekte können bei der Auswahl des Materials eine Rolle spielen: Farbe, Struktur, Tragekomfort, Faltenfall, Musterung, aber auch Anlass des Tragens oder persönliche Überzeugungen der Trägerin/des Trägers.

Wie finden Sie den richtigen Stoff?

Nehmen Sie die Schnittübersicht und Ihre Einkaufliste mit dem für Ihr Projekt benötigten Zubehör und streifen Sie in Ruhe durch die Stoffläden Ihres Vertrauens. Lassen Sie sich durch das Angebot inspirieren, vergleichen Sie Alternativen und lassen Sie sich – falls Sie dies mögen – beraten.

Sie benötigen also Zeit. Aber auch Mut.

Warum Mut? Versuchen Sie mit Augenmaß auch einmal das Außergewöhnliche, seien Sie kreativ und nutzen Sie damit einen der großen Vorteile des Selberschneiderns.

den richtigen Stoff

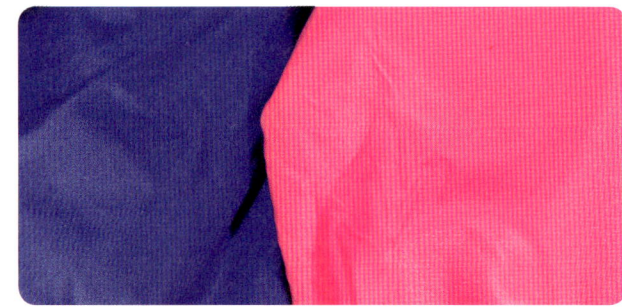

Weiterlesen?

Bekleidung und Umwelt – Weltfaserproduktion (WWF, 2010)

Vom Lendenschurz zur Modetracht (Mützel, 1925)

Geschichte des Kostüms (Thiel, 1973)

Natur oder Kunst?

Das erste Material für Kleidung war wohl das Fell eines erlegten Tieres vor einigen zehntausend Jahren. Es folgten erste Gewebe aus Wolle und Leinen in Europa einige tausend Jahre vor unserer Zeit; zu diesem Zeitpunkt kannte man in anderen Erdteilen auch bereits Baumwolle und Seide.

Nach dem Zweiten Weltkrieg kamen erstmals synthetische Fasern auf der Basis von Erdöl und Kohle auf den Markt. Die Vorteile solcher Fasern sind oft größere Haltbarkeit, geringere Wasseraufnahme (schnelle Trocknung) und weniger Knittern. Derzeit bestehen etwas mehr als die Hälfte aller industriell hergestellten Kleidungstücke aus Synthetikfasern, mit weiter leicht steigender Tendenz.

Generell zu unterscheiden sind:

- Materialien aus pflanzlichen Grundstoffen – meist aus Fasern des Stängels (z. B. Leinen) oder des Samens (z. B. Baumwolle), aber auch Kautschuk (z. B. Latex)
- Materialien tierischer Herkunft (Versponnene Tierhaare, z. B. Wolle; Fäden tierischer Produktion, z. B. Seide oder Leder/Fell)
- Synthetische Materialien (auf Grundlage meist von Erdöl oder Kohle; oft mit dem Wortanfang „Poly…")

Häufig werden Fasern verschiedener Materialien gemeinsam verwebt (Mischgewebe), um die positiven Eigenschaften der Einzelmaterialien zu kombinieren.

Wie finden Sie das „richtige" Material?

TiPP: Suchen Sie nach *geeignetem* Material. Jedes Material hat seine Vorteile und Einsatzbereiche.

Wer beispielsweise einen Bikini nähen möchte, sollte die hervorragenden, hautfreundlichen und schnell trocknenden synthetischen Spezialstoffe verwenden.

Wer dagegen ein Modell aus dem frühen Mittelalter gestalten möchte, tut gut daran, nach möglichst natürlich gewebten und gefärbten Woll- und Leinenstoffen zu suchen.

Die Materialwahl ist meist auch eine Frage der persönlichen Einstellung, die wiederum oft den allgemeinen Zeitgeist widerspiegelt. Die Zeiten blinder Technikgläubigkeit klingen ab, man beschäftigt sich mehr und mehr mit den ethischen (z. B. Arbeitsbedingungen, aber auch Töten von Tieren) und ökologischen (z. B. Ressourcenverbrauch, nachwachsende Rohstoffe) Auswirkungen des eigenen Tuns.

All das hat Einfluss auf die Auswahl des Materials.

Auf den folgenden Seiten wenden wir uns den Naturmaterialien zu.

Obermaterial

Baumwolle

Das aus den Samen der Baumwollpflanze gewonnene Gewebe ist bereits seit Jahrtausenden in vielen Kulturen rund um den Erdball verbreitet.

Materialien auf Baumwollbasis sind heutzutage für Kleidungsstücke sehr beliebt (und werden am häufigsten verwendet). Baumwolle ist angenehm zu tragen und sehr saugfähig (kein unangenehm nasses Gefühl, wenig Geruchsbildung).

Hier ein Überblick über die verschiedenen Baumwollarten:

Glatte **Baumwollstoffe** für Blusen, Hemden, Kleider, Jacken sind in einer geradezu unerschöpflichen Anzahl von Qualitäten, Farben und Mustern erhältlich.

✂   Empfehlung für Kleid
✂   Empfehlung für Jacke

Denim: Der typische dichte, feste Stoff der Blue Jeans ist durchaus auch für Kleider oder Jacken interessant. ❶

✂   Empfehlung für Kleid
✂   Empfehlung für Jacke

Besonders für Freizeit und Sport eignet sich der angenehm zu tragende, weiche und elastische **Jersey**. ❷

✂ Empfehlung für Jacke

Einfach zu erkennen ist **Cord** an den typischen Längsrippen. ❸

✂ Empfehlung für Kleid

Samt entsteht durch das Aufschneiden der Faserschlaufen auf der rechten Materialseite, die dann einen dichten, kurzen Flor ergeben. Samt wird seit dem Mittelalter vor allem für elegante, repräsentative Kleidungsstücke verwendet. ❹

✂ Empfehlung für Kleid

Frottee ist mit seiner saugfähigen Schlaufen-Oberfläche vor allem für Bademäntel und andere Wohlfühl-Kleidung geeignet. ❺

✂ Empfehlung für Jacke in langer Freizeit-Ausführung

Dicht und strapazierfähig ist **Popeline** und damit ein hervorragendes Obermaterial auch bei Wind und Wetter. ❻

✂ Empfehlung für Jacke

Wolle

Schafwolle ist eine der ältesten Bekleidungsfasern und wird seit der Steinzeit für Bekleidung genutzt.

Neben Schafwolle (z.B. Merino) wird Wolle auch von Ziegen (z.B. Kaschmir), Kaninchen (z.B. Angora) und verschiedenen Kameltieren (Kamele, Lamas, z.B. Alpaka) verwendet.

Wolle ist atmungsaktiv, wärmt gut (Wärmeisolierung) und neutralisiert Gerüche. Direkt auf der Haut „kratzt" Wolle oft und sollte daher nur über Kleidungsstücken aus anderen Materialien getragen werden.

Wolle wird zu einem Faden gesponnen und dann zu einer Vielzahl unterschiedlicher Gewebeformen weiterverarbeitet.

Gewebte **Wollstoffe** ❼ sind auch heute noch die gefragteste Basis für hochwertige, traditionelle Kleidung.

✂ Empfehlung für Kleid
✂ Empfehlung für Jacke

Strickware aus Wolle ist elastisch und kann gut zu wärmenden, auch körpernahen Kleidungsstücken verarbeitet werden. Wollgarn wird selbstverständlich auch zum Selberstricken (ein anderes Thema) angeboten.

✂ Empfehlung für Jacke

Filz entsteht durch die Verhakung einzelner, kurzer Wollfasern ohne vorheriges Weben und eignet sich unter anderem für Einlagen oder Applikationen. Bitte vermeiden Sie aber unfreiwilliges Verfilzen Ihrer Wollkleidung, was beispielsweise bei zu heißem Waschen und zu großer mechanischer Belastung beim Schleudern leicht geschehen kann. ❽

Für den edlen **Loden** werden fertige Wollgewebe nachträglich gezielt verfilzt. ❾

Leinen

Leinen wird aus den Stängeln der Flachspflanze gewonnen und ist ebenfalls eines der ältesten Textilien. So wurden bereits im Alten Reich der Ägypter Mumien in Leinen „gekleidet". Leinen hat sich durch die Jahrtausende als Material für Kleidung bewährt; auch heute noch ist Leinenkleidung durch die gute Feuchtigkeitsaufnahme und Wärmeisolation vor allem im Sommer sehr beliebt. ❿

✂ Empfehlung für Kleid
✂ Empfehlung für Jacke

Jute

Die Jute, hergestellt aus einer in Fernost beheimateten Bastfaser, wird erst seit etwa 200 Jahren im europäischen Raum verwendet. Als grobes Gewebe vor allem für Säcke und Ähnliches bekannt, kam Jute Ende der 1970er mit dem ökologisch begründeten Slogan „Jute statt Plastik" und entsprechenden Einkaufstaschen zu (begrenztem) Ruhm. ⓫

Aber auch für Kleidungsstücke – z.B. Jacken – kann Jute mit seiner charakteristischen Struktur eine interessante Bereicherung sein.

✂ Empfehlung für Jacke

Seide

Aus dem Kokon der Raupe des Seidenspinners wurden bereits im alten China Stoffe hergestellt, die über Jahrtausende als wertvolles Handelsgut galten.

Aus den sehr langen Fäden des Kokons lassen sich feine, glatte, meist glänzende **Seiden-Stoffe** weben, die sich auf der Haut angenehm anfühlen und als Obermaterial edel wirken. ⓬

Wildseide besitzt dagegen eine eher noppige Oberfläche, die sie den kurzen Fäden zerrissener Kokons verdankt, aus denen die Schmetterlinge bereits geschlüpft sind.

✂ Empfehlung für Kleid
✂ Empfehlung für Jacke

Viskose

Zellulose aus Holz ist das Ausgangsmaterial für Viskose. Dieses wird in mehreren chemischen Prozessen zu einem besser spinnbaren Viskose-Faden, aus dem sehr weiche, angenehm zu tragende, fließende Stoffe mit oft glänzender Oberfläche gewebt werden.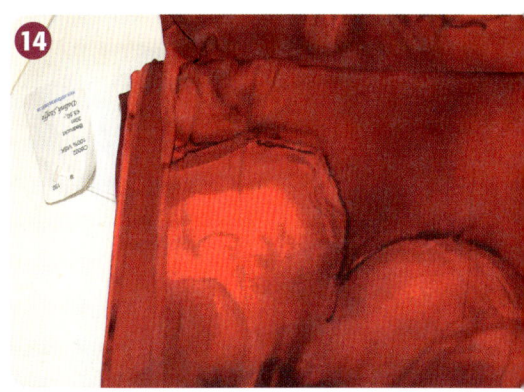

Viskose besteht somit aus natürlichem Material, wird aber aufgrund des chemischen Produktionsprozesses zu den synthetischen Fasern gerechnet.

✂ Empfehlung für Kleid
✂ Empfehlung für Jacke

MEHR INFO: Sie wollen mehr über Seide erfahren? Einige interessante Informationen finden Sie u.a. in „Die Technik des Altertums" (Neuburger, 1919)

Stretch

Stretch ist die Bezeichnung für dehnbares (elastisches) Gewebe aus unterschiedlichen Materialien. **15**

Je nach Webart kann das Material nur in einer (meist quer zur Bahn) Richtung oder in beiden Richtungen („Bi-Stretch") elastisch sein. Die Dehnbarkeit ist je nach Material sehr verschieden. **16**

Die Elastizität eines Materials hat gravierende Auswirkung auf das optische Erscheinungsbild des fertigen Kleidungsstückes. Eine hautenge, faltenarme Passform ist z. B. nur mit dehnbaren Materialien zu erreichen. **17**

✂ Empfehlung für Kleid in Passform „körpernah – Stretch"

Chemiefasern

Chemiefasern oder Kunstfasern können Naturfasern in Grundanwendungen ersetzen und besitzen darüber hinaus Eigenschaften, die für bestimmte Kleidungsstücke unverzichtbar sind.

Hier einige Beispiele für Chemiefasern und mögliche Anwendungen:

Polyester (Markenname z.B. Trevira) kann in vielerlei Gestalt als strapazierfähiges Gewebe für Kleidungsstücke genutzt werden.

Polyurethan (Markenname z.B. Lycra) ist sehr dehnbar, trocknet schnell und ist so beispielsweise für Sport- und Badekleidung ideal.

Polyamid (Markenname z.B. Nylon) kennen Sie von Damenstrümpfen…

Polyacrylnitril (Markenname z.B. Dralon) ist die Grundlage formbeständiger, einlaufsicherer Gewebe mit teilweise sehr angenehmer, weicher Oberfläche.

Daneben werden Chemiefasern auch zur Erzielung spezieller Effekte genutzt:

Polytetrafluorethylen (Markenname z.B. Gore-Tex) ist ein wichtiger Bestandteil moderner Funktionskleidung.

Aramid (Markenname z.B. Kevlar) ist extrem reißfest und wird beispielsweise für Motorradfahrer- und Bergsteiger-Kleidung verwendet oder auch für schusssichere Westen.

Herausfordernd!

Leder und Pelz(-imitat)

Leder und Pelz sind die ältesten Materialien für Kleidungsstücke. Der Jagderfolg und die umfassende Verwertung des erlegten Tieres sicherten in vielerlei Hinsicht das Überleben der frühen Menschheit.

Die Nutzung von Leder und Pelzen wird heute differenzierter gesehen. Zu Recht wird das Tragen von Fellen seltener Tierarten verurteilt; sehr umstritten ist auch die Zucht von Tieren ausschließlich zur Fellproduktion. Darüber hinaus gibt es Menschen, die das Tragen von Leder und echten Pelzen prinzipiell ablehnen.

Widmen wir uns den Eigenschaften dieser Materialien:

Leder ist sehr widerstandsfähig, wind- und auch recht wasserdicht. Je nach Herkunft und Stärke des Leders lassen sich unterschiedlichste Kleidungsstücke herstellen. Die Verarbeitung von Leder erfordert spezielle Kenntnisse und Handwerkszeuge.

Pelz wärmt durch die zwischen den Härchen eingeschlossene Luft sehr gut und ist deshalb vor allem für winterliche Oberbekleidung und Applikationen an Winterkleidung hervorragend geeignet.

TiPP: Allgemein ist die Herstellung eines wirkungsvollen Kleidungsstücks aus diesen Naturmaterialien eine Herausforderung, da die Verarbeitung oft sehr komplex und aufgrund der meistens geringen Größe des Einzelstücks schwierig ist und die Einzelstücke in Form und Qualität der Oberfläche (Narben, Löcher etc.) stark variieren können.

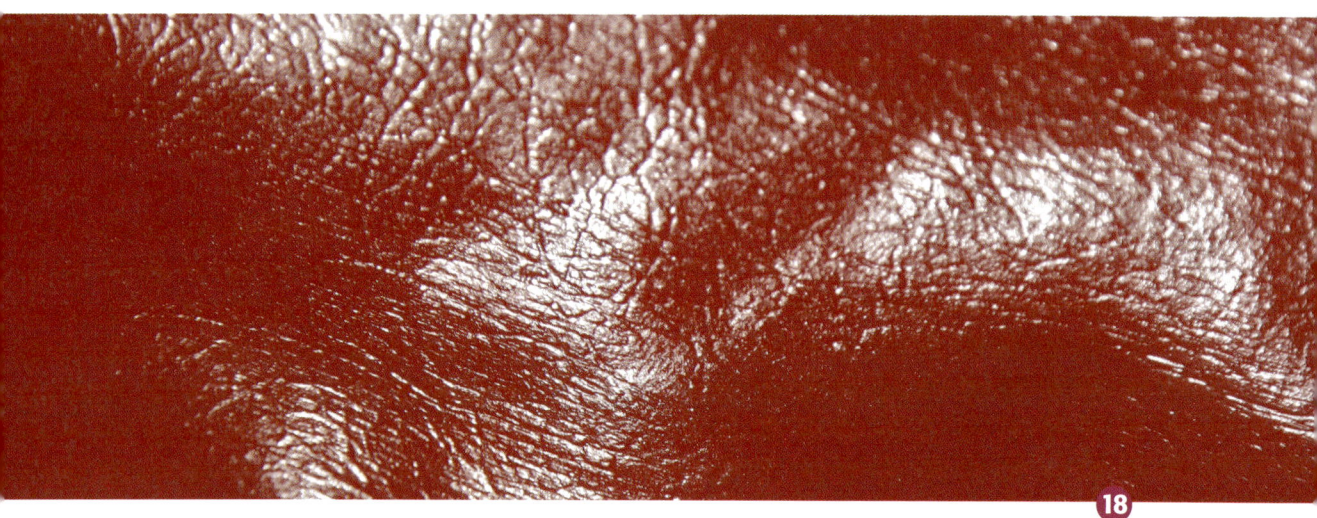

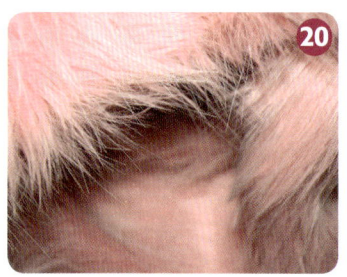

Eine gute Alternative zum Naturprodukt stellen moderne **Imitate** von Leder und Pelz aus synthetischem Material (Kunstleder ⑱, Lederimitat ⑲, Kunstpelz, Webpelz, Pelzimitat ⑳) dar, die in ihren Eigenschaften sowie im Äußeren dem „echten" Material in nichts nachstehen.

Im Handel findet man eine große Auswahl: Das Angebot von Pelzimitaten reicht von bewusst künstlich wirkendem Langhaar-Zottel über die verschiedensten teddyähnlichen Materialien bis hin zu vom Laien kaum zu unterscheidenden Imitaten von Edelfellen, wie z. B. Nerz.

Vorteilhaft bei Pelzimitaten ist zudem die viel einfachere Verarbeitung der Meterware.

Experimentieren Sie einmal mit Leder- und Pelzimitaten:

✂ Empfehlung für Kleid: Leder
✂ Empfehlung für Jacke: Pelz

Farbe und Muster

Dieser Abschnitt wird und muss ein wenig ausführlicher ausfallen. Farbe und Muster Ihres Kleidungsstücks werden einen wesentlichen Eindruck hinterlassen. Vor dem Stoffkauf sollten Sie wirklich etwas Zeit in dieses Thema investieren.

Hier ein paar Gedanken bzw. Fragen dazu:

Für welchen **Anlass** planen Sie Ihr Selberschneidern-Projekt? Eine Entscheidung zu Farbe und Muster kann bereits mit Beantwortung dieser Frage gefällt oder zumindest nahegelegt werden. (Hochzeit oder für ein Date das „Kleine Schwarze"?)

Was ist das **Thema** Ihres Projekts? Mit dem gleichen Schnitt für ein weites Kleid können Sie entweder in die 1950er Jahre zurückgehen (z. B. weiß mit Tupfen) oder gleich ins Mittelalter (z. B. mit dunkelrotem oder –grünem Samt).

Farben unterstreichen zudem Ihre Persönlichkeit – oder verändern sie.

Zunächst sollten Sie sich bei der Farbauswahl von objektiven Merkmalen wie Haut, Augen- und Haarfarbe leiten lassen. Nach klassischer Methode lassen sich alle Menschen entsprechend der vier Jahreszeiten einem bestimmten Typ mit dazu passenden Modefarben zuordnen. Hier bieten freiberufliche Berater oft kostenintensive Dienste an; es gibt aber auch bereits einige kostenlose Online-Farbberater, die auf Mausklick nach teils liebevoll gestalteten Dialogen eine empfohlene Mode-Farbpalette als ersten, sicher nicht ganz falschen Anhaltspunkt präsentieren.

Am wichtigsten ist jedoch Ihr **persönlicher Geschmack**. Wenn Sie Ihren Kleiderschrank öffnen, sehen Sie sofort, zu welchen Farben und Mustern Sie neigen. ABER: Bitte stellen Sie diese Tendenz JETZT einmal in Frage – vielleicht war Ihre bisherige Auswahl nicht optimal? Können Sie einige unvoreingenommene Personen diesbezüglich nach ihrer Meinung fragen? Können Sie sich beim Streifen durch Ihr Stoffgeschäft etwas „besonders Mutiges" vorstellen? Beim Selberschneidern haben Sie die Chance, Ihren optimalen persönlichen Kleidungs-Stil zu entwickeln – ergreifen Sie sie!

Nun zum konkreten **Material**:

Stoffe sind in jeder vorstellbaren Farbe und einer riesigen Vielfalt von Mustern zu finden. Große Stoffgeschäfte bieten hunderte, größere sogar tausende von Ballen. Dennoch oder gerade deswegen ist es gelegentlich zeitaufwändig, das passende Material für das erträumte Projekt zu finden. Wie oft im Leben stellt sich dann die Frage: Weitersuchen oder Kompromisse eingehen? Zu einer Herausforderung kann es auch werden, das farblich passende Zubehör wie Reißverschlüsse oder Schrägband zu finden. Aber es lohnt sich: Sie werden ein individuelles und einmaliges Kleidungsstück besitzen.

Transparenz

Neben Farbe und Muster ist Transparenz ein weiteres wesentliches Stilmittel eines Kleidungsstücks. Dieser Effekt kann mit **Spitzen**, mit **Netzen** oder auch mit **durchsichtigen Geweben** erzielt werden.

Die auf Haute Couture-Modenschauen oft als Hingucker oder Aufreger dargebotene Transparenz (hier eher oft als Nacktheit auftretend) mögen Sie als nicht unbedingt alltagstauglich oder als nicht Ihrem Stil entsprechend ansehen.

Dennoch seien hier drei einfache Anregungen gegeben, wie Sie mit transparenten Materialien Ihre Kleidungsstücke noch interessanter und individueller gestalten:

Transparente Einsätze in Halsausschnitten und Ärmeln: Markieren Sie im Halsausschnitt und in den Ärmeln einen Bereich, der statt im übrigen Obermaterial in transparentem Material ausgeführt werden soll. Sichern Sie den Übergang mit Schrägband oder einem Beleg und nähen Sie das transparente Material ein.

Doppellagige Ausführung: Bei einfarbigem Obermaterial kann eine transparente, gleich- oder kontrastfarbige doppelte Oberlage einen raffinierten Effekt erzielen: einfach das entsprechende Teil doppelt zuschneiden (1 × Oberstoff, 1 × transparentes Material) und dann gemeinsam rechts auf rechts an die übrigen Schnittteile nähen.

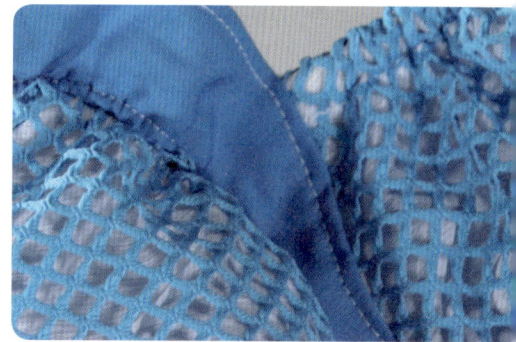

Transparente Überbekleidung: Mit einer Jacke aus Netzmaterial über einem ärmellosen Kleid werden Sie vollständig bekleidet aussehen, ohne etwas verstecken zu müssen, und haben – gerade im Sommer – dennoch ein luftiges Kleidungsstück.

Einlagen / Verstärkungen / Polster

Je nachdem, wie fest und formbeständig das Obermaterial ist, kann es sinnvoll oder erforderlich sein, bestimmte Stellen des Kleidungsstücks zu verstärken. Für diesen Zweck gibt es spezielle Gewebe, **Einlage** (auch **Fixiereinlage**) oder **Vlies** genannt. ㉑ Damit lassen sich Kragen, Manschetten, Taschenpatten oder Knopfleiste verstärken.

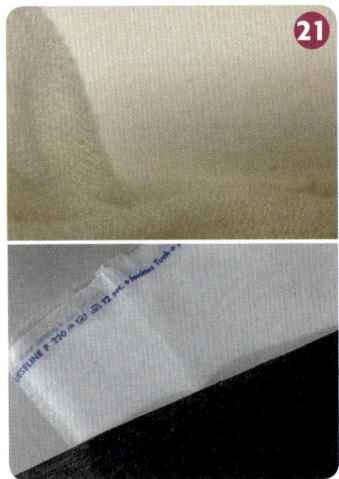

Einlagen sind in verschiedenen Materialien, Stärken und Farben vom Meter oder in größeren Rechtecken erhältlich, je nach Beschaffenheit des Obermaterials und gewünschtem Effekt. Lassen Sie sich im Zweifelsfall beraten. Besonders praktisch sind die aufbügelbaren Ausführungen (der Hersteller nennt die genaue Temperatur und Bügeldauer).

Neben flächigen Einlagen gibt es spezielle Einlagen für **Bünde** und **Säume**, die bereits in der richtigen Breite gefaltet sind. Sie brauchen sie nur noch aufzubügeln, zu falten und anzusteppen – schon haben Sie eine exakte, saubere Kante.

Schulterpolster ㉒ werden am Ende der Schulterteile eingenäht, um ihnen eine gewünschte Form zu geben. Schulterpolster sind aus geformten Material (meist mit Textilien bezogener Schaumstoff) hergestellt.

Die Verwendung von Schulterpolstern ist immer wieder starken Modeschwankungen unterworfen. Sollten Sie also gerade die Nase rümpfen, gibt es zwei Möglichkeiten: Sie lesen diesen Satz in zehn Jahren noch einmal oder verhalten sich gleich jetzt antizyklisch.

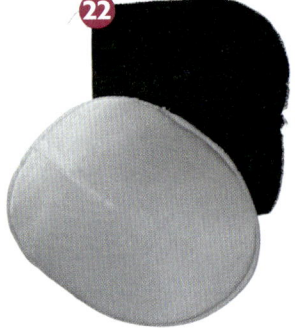

Futter

Das Futter ist eine eigene, umlaufend eingenähte innere Schicht eines Kleidungsstückes, ähnlich wie das Obermaterial zugeschnitten.

Futterstoffe gibt es in verschiedenen Materialien und Farben. Die Gewebe sind fein, die Oberfläche ist glatt, meist glänzend, manchmal mit kleinen eingewebten Symbolen.

Es gibt mehrere Gründe, ein Kleidungsstück zu füttern:

- Die zusätzliche Schicht des Futters isoliert, das Kleidungsstück wird wärmer.
- Das Kleidungsstück trägt sich möglicherweise angenehmer auf der Haut. Dies gilt besonders für grobe oder kratzig empfundene Obermaterialien, wie z. B. Wolle.
- Der Fall des Kleidungsstücks verbessert sich; durch die glatte Innenoberfläche „kriecht" die Kleidung bei der Bewegung nicht nach oben.

Verschlüsse

Knöpfe

Knöpfe und **Knebel** werden seit der Jungsteinzeit und Bronzezeit verwendet.

Knöpfe gibt es aus Horn, Knochen, Perlmutt, Holz, Glas, Metall und Kunststoff. Einige Knöpfe sind mit Leder bezogen, andere sind für das eigene Beziehen mit passenden Textilien gedacht.

Knöpfe werden entweder an einer Öse angenäht oder haben eine unterschiedliche An-zahl von mittigen Löchern.

Während Knöpfe typischerweise rund und recht flach sind, besteht der **Knebel** aus ei-nem länglichen, zylindrischen Abschnitt, der auch mit Öse oder Löchern befestigt wird.

Das Gegenstück zum Verschluss ist das **Knopfloch** oder die **Schlaufe**.

Eine Sonderform des Knopfes ist der **Druckknopf**, bei dem eine kleine Metallkugel auf der einen Seite in ein durch einen Federdraht gesichertes Metallloch auf der anderen Seite einrastet. Um 1900 erfunden, wird der Druckknopf bis heute gern als unsichtbarer, schneller Verschluss verwendet.

Reißverschlüsse

Ein Reißverschluss besteht aus zwei Textil-Streifen, an dem kleine Zähnchen aus Metall oder Kunststoff befestigt sind, sie sich durch einen Schieber ineinander haken oder öffnen lassen.

Seit der Markteinführung in den 1920er Jahren haben sich Reißverschlüsse stark verbreitet und sind in einer großen Anzahl von Farben und Längen erhältlich, entweder unten verschlossen (z. B. für Hosen und Kleider) oder unten offen bzw. trennbar (z. B. für Jacken), teilweise mit doppeltem Schieber als 2-Wege-Reißverschluss.

Je nach gewünschter Wirkung (aber auch gewünschter Stabilität) gibt es Reißverschlüsse mit breiten, metallischen Zähnen bis hin zu ganz feinen, verdeckt einzunähenden, am Kleidungsstück fast unsichtbaren Modellen.

Einige Typen von Reißverschlüssen sind als Meterware erhältlich und lassen sich selbst genau an die gewünschte Länge anpassen.

TiPP: Sie sollten bereits im Vorfeld Ihres Selberschneidern-Projektes den Reißverschluss auswählen, um gegebenenfalls das Schnittmuster an die exakte verfügbare Reißverschluss-Länge anpassen zu können.

Schnürungen

Die Schnürung ist der Verschluss mit einer Schnur, die von beiden Verschlusskanten über Kreuz hin- und herläuft. Die Schnur wird an den Kanten entweder durch Löcher/Ösen oder durch angenähte Schlaufen geführt.

Bei körpernahen Kleidungsstücken haben Schnürungen den Vorteil, dass sie sich an die genaue Körperform anpassen, je nach Kraft, die bei der Schnürung angewendet werden kann. Aus diesem Grund wurden und werden Schnürungen auch bevorzugt bei Korsetts verwendet.

Schnürungen wirken je nach Ausführung außergewöhnlich, edel oder sexy. Sie sind z. B. für Kleider und Blusen ein sehr schönes Designelement.

Der Nachteil von Schnürungen ist der Aufwand beim Schließen und Öffnen, speziell bei Rückenschnürungen, die – wenn überhaupt – nur mühsam allein zu bewältigen sind.

Wenn nicht die starke Anpassung an die Körperform und die Stabilität, sondern mehr der äußere Effekt, also die Schnürung als Designelement, im Vordergrund stehen, kann man als „optischen Trick" eine nicht zu öffnende Schnürung mit einem anderen Verschluss an anderer Stelle kombinieren.

Klettband

Der Klettverschluss ist die neueste Verschluss-Variante. In den 1950er Jahren beobachtete ein Schweizer die Haftwirkung der Kletten und entwickelte daraus die Idee des Klettverschlusses, bei dem ein Streifen mit kleinen Widerhaken beim

Aufdrücken fest an einem Streifen mit kleinen Schlaufen haftet, sich aber durch kräftigen Zug wieder trennen lässt.

Der Klettverschluss kann sehr schnell geöffnet und geschlossen sowie an vielen Stellen fast unsichtbar angebracht werden. Er eignet sich auch als Ergänzung oder Ersatz anderer Verschlüsse. Klettband ist zumeist in Weiß und Schwarz erhältlich.

Bänder, Gürtel

Eine für manche Kleidungsstücke geeignete Alternative ist das Zusammenhalten der überlappenden Verschlusskanten durch angenähte Bänder oder mit einem losen Gürtel.

Für Jacken kann diese Verschlussform ansprechend oder sogar notwendig sein, z. B. beim Bademantel.

Verzierungen

Verzierungen erfüllen zwar keine Funktion, haben aber einen gravierenden Einfluss auf den Gesamteindruck und können den Charakter eines Kleidungsstücks bestimmen.

Borten, Bänder, Fransen

Eine **Borte** ist ein verzierter Gewebestreifen, auch ungleichmäßiger Breite, für eine Kante (z.B. Halsausschnitt, Rocksaum).

Unter einem **Band** versteht man dagegen einen eher gleichmäßig breiten, oft einfarbig glatten Stoffstreifen.

Fransen sind Bänder mit nebeneinanderliegenden, längeren Stofffäden, ebenfalls für die Verzierung von Kanten gedacht.

Borten und Bänder betonen die Linienführung des Kleidungsstücks, Borten und Fransen lockern harte Kanten optisch auf.

Besonders romantisch wirkt ein Kleidungsstück mit durchbrochenen Spitzenborten.

Pailletten, Perlen

Pailletten oder Perlen sind hübsche Blickfänger, die man einzeln, in Bändern oder flächig auf Stoffe aufnähen kann.

Pailletten sind kleine, flache, runde, bunt glänzende oder schillernde Kunststoff- oder Metallplättchen, die mit einem Loch in der Mitte aufgenäht werden können.

Zur Vereinfachung der Applikation werden Pailletten oft bereits auf Bändern, flächig oder auf Stoff in Mustern aufgenäht angeboten.

Perlen sind kleine Kugeln, die ebenfalls durch ein Loch in der Mitte aufgenäht werden können; sie bestehen aus Glas, Metall oder Kunststoff, nur selten aus dem namengebenden Naturprodukt.

Aufnäher, Patches

Gewebte und/oder bedruckte textile Aufnäher (neu-deutsch Patches) sind heutzutage sehr beliebt, aber auch praktisch:

- ✂ Das Anbringen eines Aufnähers des aktuellen Trick-filmhelden des Nachwuchses kann die Akzeptanz eines Kleidungsstücks erheblich steigern!
- ✂ Durch reflektierende Aufnäher sind Sie im Dun-keln als Fußgänger oder Radfahrer erheblich bes-ser auszumachen.
- ✂ Ein Aufnäher auf Sportkleidung zeigt die Zugehö-rigkeit zu einem Verein.
- ✂ Sie können zeigen, welche politischen oder sonsti-gen Organisationen Sie unterstützen.
- ✂ Und last but not least: Mit einem Aufnäher kann man auf einfache und hübsche Weise ein Loch oder eine Scheuerstelle verbergen oder gar pro-phylaktisch Ellenbogen oder Knie bestücken.

Stickereien

Eine besonders eindrucksvolle, aber auch aufwändi-ge Flächenverzierung stellt die Stickerei dar. Wer hier einsteigen mag, findet in verschiedenen Büchern ge-nug Informationen zur Vorgehensweise. Sie haben die Möglichkeit, in Handarbeit vorzugehen oder sich eine Nähmaschine mit der Möglichkeit zur Flächenstickerei anzuschaffen.

Im Handel finden Sie aber auch viele bereits fertig be-stickte Stoffe.

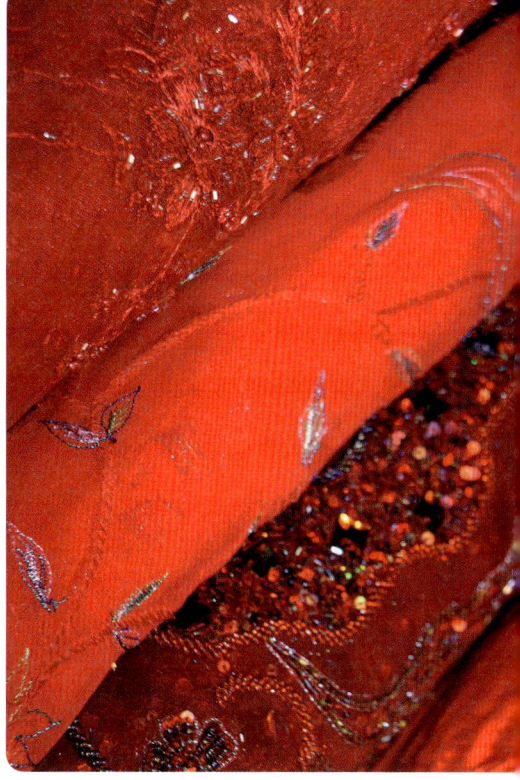

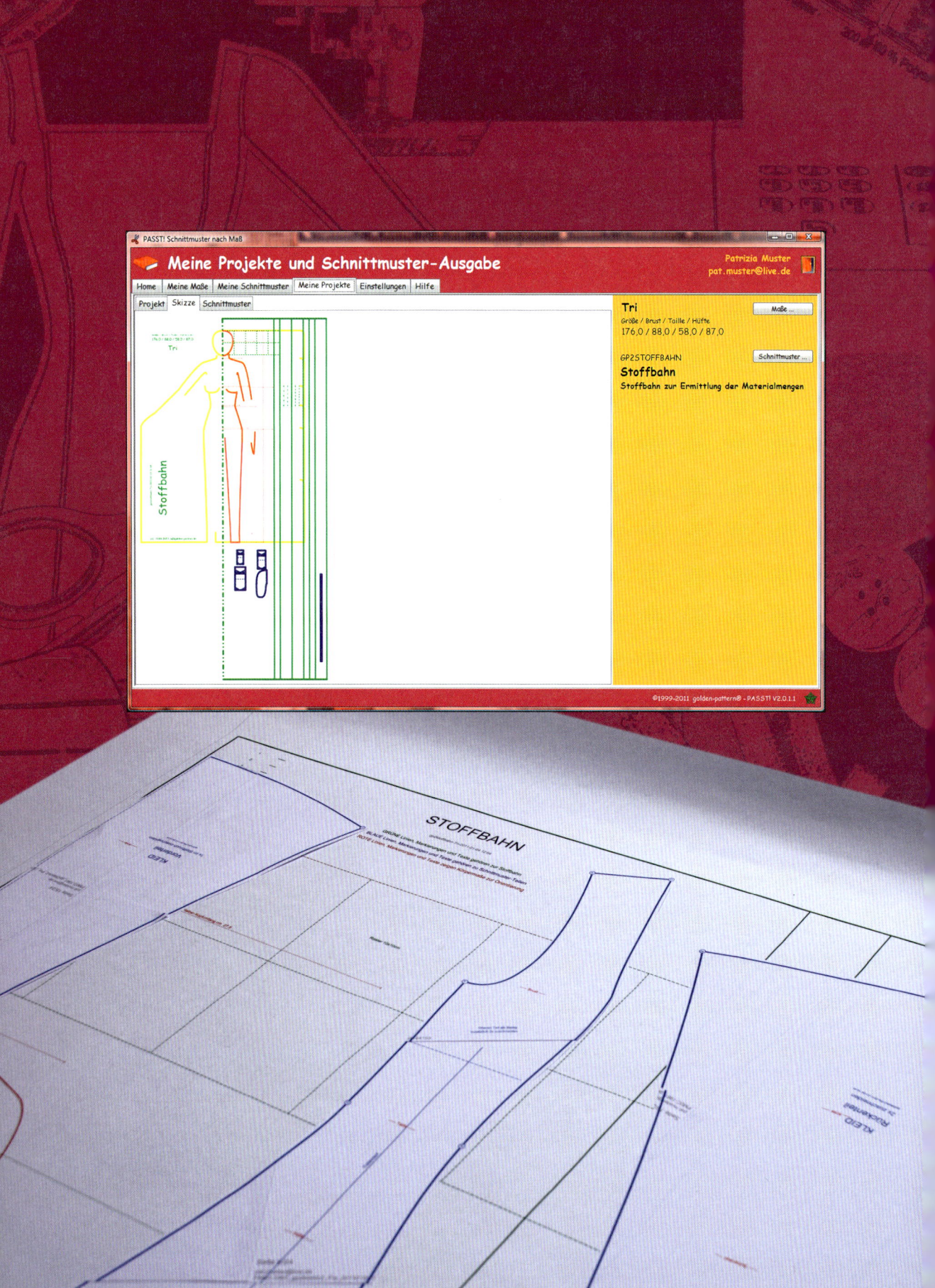

Der Materialbedarf

Wenn Sie für Ihr Wunschprojekt die Stoffe kaufen, sollten Sie die exakte Menge des benötigten Materials kennen. Falls sie zu viel kaufen, wächst Ihre Restekiste; falls Sie zu wenig kaufen, könnte das ganze Projekt gefährdet sein – sehr ärgerlich!

Bei den Schnittmustern in diesem Buch wird auf die pauschale Angabe des Stoffverbrauchs verzichtet, dies aus mehreren guten Gründen:

- Selbst bei einer festgelegten Variante einer Standardgröße ist der Materialbedarf noch einer Reihe von Einflüssen unterworfen: Hauptsächlich sind dies die verfügbare Bahnenbreite des Materials, das Muster, der materialabhängige Zwang zur Einhaltung des Fadenlaufs sowie die Zugabe bei der Verwendung unterschiedlicher Materialien für die Schnittteile. Bereits hier ist eine zuverlässige Vorhersage laufender Meter kaum seriös möglich.
- Bei den variantenreichen Maßschnittmustern kommen weitere Faktoren hinzu. Der Schnittplan für die 30-Zentimeter-Puppe wird anders aussehen als für den 2-Meter-Mann; die individuellen Umfangs- und Längenmaße machen auch individuelle Teileanordnungen auf der Stoffbahn sinnvoll. So können beispielsweise für ein sehr weites, ausgestelltes Kleid mehrere Stoffbahnen erforderlich sein.

Wir empfehlen deshalb folgende Vorgehensweise (falls Sie nicht bereits ausreichend tollen Stoff in Ihrem „Depot" haben):

In *PASST!* finden Sie das Sonderschnittmuster STOFFBAHN. Auf diesen Seiten, die genau wie auch die Schnittmuster einmalig zusammengeklebt und beliebig wiederverwendbar sind, finden Sie eine Stoffbahn mit mehreren üblichen Breiten und einer eingezeichneten Längenskala. Für eine Verlängerung können Sie auch mehrere Ausdrucke zusammenkleben.

Diese Stoffbahn können Sie bei Bedarf hervorholen und Ihre Schnittmuster (entsprechend der verfügbaren Bahnenbreite, der Mustergröße, dem Stoffbruch, dem Fadenlauf etc.) darauf platzieren. Dann lesen Sie die erforderliche Meteranzahl ab und kaufen die passende Menge Stoff.

Der Zuschnitt

Naht- und Saumzugaben

Neben den später sichtbaren Stoffteilen sind umlaufend Zugaben für Nähte oder Säume erforderlich, die mit zugeschnitten werden müssen.

Auf dem Markt finden Sie sowohl Schnittmuster, deren Umrisslinien diese Zugaben bereits enthalten, als auch Schnittmuster ohne eingezeichnete Zugaben. Die in diesem Buch vorgestellten Schnittmuster enthalten generell keine Naht- oder Saumzugaben, da die Breite der Zugaben von vielen individuellen Kriterien abhängig und für die Passform-Genauigkeit unerheblich ist.

Oft werden für eine Nahtzugabe 1 bis 1,5 cm und für eine Saumzugabe 4 cm empfohlen: Das ist durchaus ein guter Richtwert.

Wenn Sie das Schnittmuster kennen und eine Overlock-Nähmaschine mit automatischer Naht-Versäuberung/-Beschneidung verwenden, reicht für die Nahtzugabe etwas mehr als die Schnittbreite der Maschine.

Generell empfehle ich etwas üppigere Zugaben für Nähte und Säume. Die Vorteile liegen auf der Hand: Bei Anproben kann an den Nähten besser die Passform optimiert werden; durch längere Säume gewinnen Sie größere Freiheiten bei der ultimativen Entscheidung über die gewünschte Ärmel- oder Rocklänge.

Feststecken und Markierung

Sie haben die Schnittteile jetzt in der gewünschten Lage und mit dem erforderlichen Abstand für die Zugaben ❶ auf der Stoffbahn platziert.

Nun werden die Papierteile mit Stecknadeln am Stoff befestigt. Mehrere zuzuschneidene Stofflagen werden dabei gleich zusammengesteckt, damit sie beim Zuschnitt nicht verrutschen können.

Vor dem Zuschnitt müssen Sie jetzt die Kontur des Schnittmusters, die Zugaben und die entscheidenden Positionen wie Abnäher oder Knöpfe auf den Stoff übertragen.

Empfehlenswert hierfür ist die Verwendung traditioneller Schneiderkreide (sofern das Material dies zulässt), die als quadratischer kleiner Block oder auch in Stiftform erhältlich ist. Nach dem Nähen lassen sich Reste leicht ausbürsten; spätestens nach der Wäsche bleiben keine Spuren zurück.

Alternativ können Sie – speziell für glattere Materialien – auch andere verfügbare Stifte verwenden, bitte seien Sie aber vorsichtig, dass nichts abfärbt und die Markierungen nicht am fertigen Stück sichtbar bleiben.

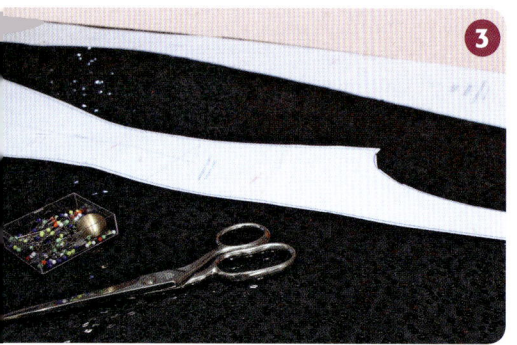

Zuschnitt

Nachdem alles markiert ist, kann zugeschnitten werden.

Besondere Sorgfalt ist beim gleichzeitigen Zuschnitt mehrerer Stofflagen erforderlich. Die Theorie sagt: Erst nur die obere Stofflage zuschneiden, danach den Verschnitt entfernen und anschließend die untere Stofflage schneiden. In der Praxis können jedoch durchaus mehrere Stofflagen gleichzeitig zugeschnitten werden; vorausgesetzt, die Lagen sind gut zusammengesteckt und die Schere „packt" mehrere Materiallagen. ❷

Noch mehr Sorgfalt ist beim Zuschnitt elastischer oder sehr leichter Materialien erforderlich. Hier neigt das Material zum Verrutschen, Verziehen oder ungewolltem Falten, verursacht allein schon durch die Scherenbewegung. ❸

Eventuell müssen einige Schnittteile mehrfach aus verschiedenem Material zugeschnitten werden, z. B. für die Belege oder das Futter. Erforderliche Belege sind gewöhnlich auf den Schnittmustern vermerkt. Bei transparenten oder sehr dehnbaren Materialien können ebenfalls zusätzliche Teile sinnvoll sein. ❹

Die Grundtechniken des Nähens

Versäuberung

Manche Materialien neigen dazu, an den Schnittkanten auszufransen. Hier ist eine Versäuberung notwendig, damit sich am Kleidungsstück keine Fäden lösen oder gar die Stabilität der Nähte durch auflösendes Material gefährdet ist.

Falls Sie eine Overlock-Maschine besitzen, können Sie sich die Versäuberung der meisten Nähte sparen: Die Maschine vernäht und versäubert und beschneidet den Überstand in einem Arbeitsschritt; mit etwas Übung sogar in rasanter Geschwindigkeit.

Mit der ganz einfachen Haushaltsnähmaschine verwenden Sie den normalen Zickzack-Stich, der ein Ausfransen meist schon wirkungsvoll bekämpft. ❶ Etwas leistungsfähigere Haushaltsnähmaschinen werden bereits mehrere Spezialstiche für diesen Zweck anbieten, oft werden dabei in einem Arbeitsschritt bereits die eigentliche Naht genäht und die Nahtzugaben versäubert. Manche Hersteller nennen diese Stiche „Overlock-Stiche", obwohl Aussehen und Festigkeit natürlich nicht an das Ergebnis einer echten Overlock-Maschine heranreichen (nur 2 Fäden statt 4 bis 6) und die Nahtzugaben per Hand sauber beschnitten werden müssen.

Heften

Bevor Sie die Teile Ihres Kleidungsstücks endgültig fest zusammennähen, sollten Sie heften und anprobieren. So ersparen Sie sich viel Frust und Trennarbeit.

Zum Heften verwenden Sie am einfachsten ein nicht zu stabiles, kontrastfarbiges (normalerweise weißes oder schwarzes) Nähgarn (spezielle Heftgarne sind erhältlich, wur-

den aber von mir noch nie verwendet) und nähen mit Ihrer Nähmaschine einen weiten Geradstich ohne Vernähen der Nahtenden. Das hält für eine Anprobe und Sie können den Heftfaden später leicht entfernen. **2**

Natürlich können Sie eine Heftnaht auch mit einem einfachen, geraden Heftstich per Hand ausführen.

Für manche Zwecke reicht das Feststecken mit Stecknadeln, z.B. an der Schulternaht. Diese Heftungen sind dann leichter zu korrigieren und entfernen. **3**

Nähte

Nähte verbinden die einzelnen Stoffteile und halten Ihr Kleidungsstück zusammen.

Konzentrieren wir uns auf die wichtigsten Stich- und Naht-Arten, die zur Herstellung Ihrer ersten Kleidungsstücke vollständig ausreichen. Alle Beispiele wurden auf einer gängigen Mittelklasse-Haushaltsnähmaschine ausgeführt, die darüber hinaus noch eine Vielzahl anderer Nutz- und Zierstiche für die verschiedensten Anwendungen und Spezialfälle bietet – schauen Sie einmal in das Handbuch Ihrer Nähmaschine!

Egal, was Sie zusammennähen: Sichern Sie vorher die Stofflagen oder den Umschlag unbedingt gegen Verrutschen durch Heftstiche mit der Nähmaschine, per Hand oder durch Stecknadeln in regelmäßigen Abständen quer zur Naht (siehe vorhergehenden Abschnitt). Anderenfalls könnten Sie leicht die Orientierung verlieren (z.B. in Armkugeln), oder Sie müssen feststellen, dass bei längeren Seitennähten die beiden Saumstöße durch leicht unterschiedlichen Stofftransport der Ober- und Unterlage garantiert nicht mehr beisammen liegen. **4**

Am häufigsten werden Sie den einfachen **Geradstich zum Verbinden von Stoffteilen** nutzen. Dazu werden die Teile rechts auf rechts aufeinandergelegt und der Nahtlinie (dem markierten Schnittmuster-Rand) folgend zusammengenäht. Nach dem Nähen werden die Stoffteile um- und die verbleibenden Nahtzugaben auseinandergeschlagen sowie die Naht flachgebügelt. Jetzt haben Sie eine saubere Verbindung der Stoffteile hergestellt. ❺

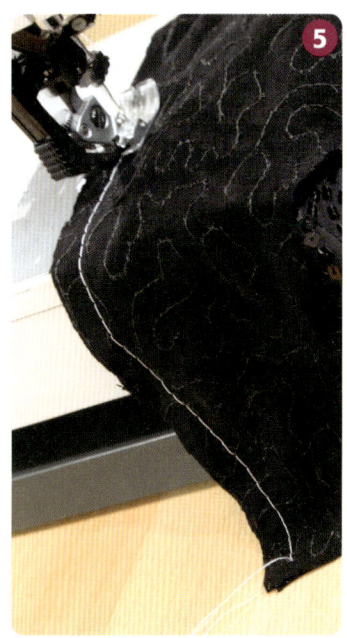

Bei allen Nähten müssen die Enden gesichert werden, damit sich die Naht nicht mit der Zeit durch Zugbelastung öffnet. Hierzu bieten die Nähmaschinen eine „Zurück"-Taste: Sie sollten einige Stiche am Beginn und am Ende der Naht mehrfach vorwärts und rückwärts übereinandernähen, dann hält die Naht. ❻

Nach dem Nähen werden die Nahtzugaben je nach Form der Naht und Breite der Nahtzugabe behandelt. Prinzipiell sollten alle Nahtzugaben innen auf eine gleichmäßige Breite zurückgeschnitten werden.

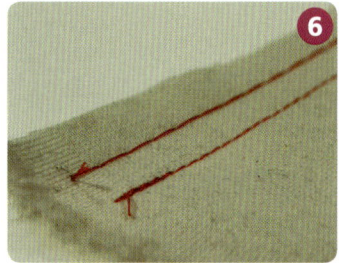

Bei runden Nähten, z.B. am Halsausschnitt oder an der Armkugel, werden die Nahtzugaben in gleichmäßigen Abständen eingeschnitten, damit die nach außen gewölbte Nahtzugabe nicht spannt und die nach innen gewölbte nicht kräuselt. ❼

Speziell an Winkeln und Spitzen wird die Nahtzugabe für ein sauberes Nahtbild beim Umschlagen vorsichtig bis dicht an die Naht entfernt.

Der **Geradstich** ist auch **als Saum** geeignet. Als Saum bezeichnet man den auf die gewünschte Form und Länge nach innen geschlagenen Rand einer Öffnung am Kleidungsstück, typischerweise am Ärmel, am Halsausschnitt, am Rock bzw. an der Hose. **8**

Für einen gerade gesteppten Saum nähen Sie in gleichmäßigem Abstand zum Rand durch die Oberseite des Kleidungsstücks und der nach innen umgeschlagenen Saumzugabe. Zur Einhaltung des Randabstands werden Sie auf dem Fuß Ihrer Nähmaschine Markierungen finden. Oft liegt auch dem Zubehör ein verstellbarer Abstandshalter bei.

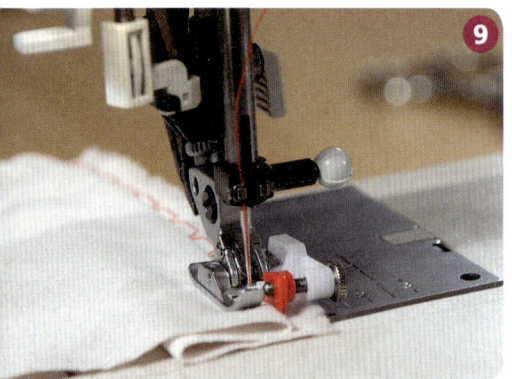

Falls die Naht am Saum nicht sichtbar sein soll, eignet sich der **Blindstich als Saum**. Hier wird von innen der Saumzuschlag genäht und die Oberlage nur in einzelnen Stichen am Zuschlag befestigt. Die Stiche ins Obermaterial sollten möglichst nur die inneren Schichten des Stoffes durchdringen, aber bei passender Garnfarbe sind auf den meisten Stoffen auch einzelne Durchstiche außen nicht erkennbar. **9**

Die **Steppnaht** verleiht Stabilität, wird aber oft auch aus optischen Gründen eingesetzt. Nachdem eine Naht meist mit Geradstich geschlossen wurde, wird nach einseitigem Umschlagen die Nahtzugabe von außen mit einer oder zwei parallelen Nähten in geringem Abstand zur Nahtkante mit Geradstich abgesteppt. Steppnähte werden beispielsweise bei Jeans angewendet und dürfen gern dicht und gut sichtbar in kontrastfarbigem Garn ausgeführt sein. **10**

Zum Zusammenfügen von Stoffbahnen aus elastischem (Stretch-)Material muss ein **gerader Elastikstich** eingesetzt werden, um unschönes Verziehen und Faltenbildung beim Tragen zu vermeiden. Elastikstiche haben die Eigenschaft, sich mit dem Material zu dehnen. Meist ist es sinnvoll, das Material während des Nähens leicht zu dehnen. Probieren Sie die Optik und das Verhalten der Naht immer vorher mit einer Materialprobe aus!

Spezielle Elastikstiche ermöglichen die noch elegantere Verarbeitung elastischer Materialien. Elastische Zickzack- und Wabenstiche können beispielsweise die Säume von Shirts sehr ansprechend gestalten oder ermöglichen das Annähen von Gummibändern. **11**

Meistens dient der einfache **Zickzack-Stich zur Versäuberung** der Naht- und Saumzugaben. Wenn Sie ihn so setzen, dass immer eine äußere Zacke am Stoffrand vorbei ins Leere setzt, verhindern Sie schnell und wirkungsvoll ein Ausfransen. **12**

Spezielle Versäuberungsstiche und sogenannte „Overlock-Stiche" an Ihrer Nähmaschine ermöglichen eine noch bessere Randversäuberung als der Zickzack-Stich. Oft sind diese Stiche besonders mit Strickmaterial sehr zu empfehlen. Einige dieser Stiche versprechen, in einem Arbeitsgang die Naht rechts auf rechts zu schließen und die Zugaben zu versäubern. Oft ist die Schlussnaht aber deutlich weniger stabil als eine Geradnaht. Probieren Sie es aus!

MEHR INFO: Sie wollen sich ausführlicher über die vielen verschiedenen Arten von Nähten informieren? Dann können Sie z.B. in der „Enzyklopädie der Nähstiche und Stoffe" (Knight, 2008) weiterlesen.

Belege und Schrägstreifen

Belege und Schrägstreifen sind zusätzliches Material, die zur Sicherung und optischen Verbesserung von Naht- und Saumkanten dienen.

Belege sind flächige oder breite streifenförmige Materialausschnitte in der Form des jeweiligen Schnittteils, die innen an den Ausschnitten meist rechts auf rechts aufgenäht werden und von außen nicht oder kaum sichtbar sind. ⑬

Neben der sauberen Verarbeitung von Ausschnitten haben Belege oft auch weitere Aufgaben: Großflächige Belege im oberen Bereich von Kleidern ermöglichen beispielsweise einen sauberen Fall, festigen Form und Struktur des Kleidungsstücks, verhindern bei feinen Materialien ungewünschten Durchblick oder Abdrücke und ermöglichen in vielen Fällen den Verzicht auf ein vollständiges Futter.

Belege können aus dem gleichen Obermaterial oder aus anderen, z. B. festeren, hautfreundlicheren oder glatteren Materialien bestehen.

Schrägstreifen sind schmale, längs mehrfach gefaltete Streifen zur Versäuberung von Ausschnitten. Sie werden so genannt, weil sie normalerweise diagonal zum Fadenlauf geschnitten werden.

Der Schrägstreifen wird hälftig innen und außen um den Ausschnitt gefaltet und festgesteppt, sodass ein gleichmäßiger Streifen sichtbar ist.

Schrägstreifen sind in vielen Breiten und Farben fertig vom Meter zu kaufen, die verfügbaren Materialien sind aber begrenzt. ⑭ In vielen Fällen wirkt ein Schrägstreifen aus dem originalen Obermaterial oder aus einem gezielt ausgewählten Kontrastmaterial deutlich edler. Bei der Herstellung eigener Schrägstreifen helfen kleine Werkzeuge, die die saubere Faltung auf eine definierte Breite übernehmen. ⑮

Bei der Verarbeitung elastischer Materialien bzw. elastischer Schrägstreifen sowie an stärker geschwungenen Ausschnitten „beutelt" der Schrägstreifen gern oder steht unschön ab. Dehnen Sie den Schrägstreifen beim Aufsteppen immer etwas stärker als den Oberstoff, dann sollte der Ausschnitt anliegen. Sie sollten es besser vorher an einem Rest ausprobieren.

Ärmel einnähen

Das Einnähen der Ärmel, beginnend beim Herstellen eines sauber sitzenden Armausschnitts, ist eine der schwierigeren Aufgaben für Hobbyschneider.

Erstens ist der Armansatz mit seinem Zusammenspiel von Rumpf, Brust, Armkugel und Oberarm sehr komplex.

Zweitens ist die Form der Schnittteile für den Armausschnitt am Rumpf und den Ärmel nicht perfekt durch die erfassten Maße abbildbar. Weitere Faktoren wie Steilheit der Schulter, Lage der Brust oder die persönliche Körper- und Armhaltung spielen ebenfalls eine Rolle.

Drittens fallen „Schwächen" von Ärmel oder Armausschnitt sofort auf.

Gründe genug, ein wenig mehr Zeit und Mühe zu investieren.

Um einen perfekt sitzenden Ärmel zu erhalten, sollten sie ihn während einer Anprobe einpassen ⓰ (siehe dazu auch den Abschnitt „Anprobe – Ärmel einsetzen auf S. 49). Einnähen ohne Anprobe wird oft zu mehr oder weniger unbefriedigenden Ergebnissen führen. Aus diesem Grund sollten Sie den Ärmel immer erst nach Fertigstellung des Rumpfteils einnähen und nicht – was vielleicht bequemer wäre – vor dem Schließen der Seitennaht.

Bei der Anprobe können Sie zunächst den Armaus-schnitt optimieren – oft ist eine leichte Korrektur des obersten Abschnitts der Rumpfteile für einen gleich-mäßig anliegenden, nicht beutelnden oder spannen-den Armausschnitt sinnvoll.

Danach sollte der Ärmel per Hand rechts auf rechts eingeheftet oder zumindest sorgsam festgesteckt wer-den. **17**

Für ein sauberes inneres Bild wird der Ärmel zuerst nur an den Oberstoff genäht. Ein vorhandener Beleg wird nach Fertigstellung mit nach innen geschlagener Nahtzugabe per Hand auf die Ärmelnaht genäht.

Bitte beachten Sie: Der Ärmel ist an der Armkugel grundsätzlich leicht größer als der Armausschnitt. Nor-malerweise wird die leichte Zugabe durch Einhalten (leichtes Raffen während des Nähens, ohne dass es zu Faltenwurf kommt) im oberen Bereich des Ärmels ausgeglichen, was zu einem gewünscht runden Fall über die Schulterkugel führt.

Geraffte Ärmel, deren Umfang oft zwei- bis dreimal größer als der Armausschnitt ist, werden wahlweise durch gleichmäßiges Raffen im oberen Teil der Armkugel oder durch Faltenlegung in den Armausschnitt eingepasst. **18**

Nach einer erneuten Anprobe und Begutachtung des gehefteten Ärmels kann nun der Ärmel rechts auf rechts umlaufend eingenäht werden. Nach dem Einnähen wird die Nahtzugabe gleichmäßig zurückgeschnitten und eingeschnitten, um Spannungen zu ver-meiden.

Zu guter Letzt: *Kein Ärmel* ist irgendwie auch ein Ärmel. Auch wenn das Schnittmuster einen Ärmel – möglicherweise in verschiedenen Varianten – vorsieht: Lassen Sie ihn je nach Bedarf oder Geschmack einfach weg! Besonders wichtig ist in diesem Fall, dass der Armausschnitt gut anliegt. Die Größe des Armausschnitts lässt sich bereits leicht am Papierschnitt den persönlichen Wünschen anpassen.

Genäht wird der ärmellose Ausschnitt entweder rechts auf rechts und abgesteppt aus Oberstoff und Beleg, oder es wird zusätzlich ein Schrägstreifen eingesetzt.

Kragen nähen

Zuerst wird der Kragen nach den Vorgaben der einzelnen Schnittteile angefertigt. **19**

Viele Kragenformen, wie der **Flachkragen**, aber auch der Schal- und Hemdkragen, bestehen meist aus zwei Lagen gleichen oder unterschiedlichen Materials, die rechts auf rechts zusammengenäht und später knappkantig abgesteppt werden. Soll der Kragen fester sein als das Obermaterial, kann man zwischen beide Oberstofflagen eine Einlage einnähen. **20**

Der **Wasserfallkragen** wird aus leichtem Material einlagig gearbeitet, wobei der Rand oft mit einer Kräuselnaht umfasst ist, die bei gedehntem Material durch schmale Zickzack-Stiche oder auch durch – je nach Nähmaschine – weitere spezielle Stiche erzeugt werden kann. Sie erreichen mehr Volumen, wenn Sie mehrere Wasserfallkrägen – möglicherweise unterschiedlicher Breite – übereinander nähen.

21

22

Die **Kapuze** ist entweder einlagig gearbeitet oder durch eine zweite Lage gefüttert **21**, was oft viel eleganter aussieht und auch eine wärmende Funktion hat.

Sobald der Kragen fertiggestellt ist, kann er rechts auf rechts in den Halsausschnitt genäht werden – bitte vorher einheften, damit nichts verrutscht. Der Beleg kann entweder anschließend mit dem Kragen festgesteppt oder von innen per Hand unsichtbar eingenäht werden. **22**

Nach gewissenhafter Lektüre des Ärmel-Abschnitts werden Sie es ahnen: *Kein Kragen* ist irgendwie auch ein Kragen. In diesem Fall brauchen Sie nur den Halsausschnitt durch Nähen des Oberstoffs und des Belegs rechts auf rechts zu arbeiten und abzusteppen oder einen Schrägstreifen aufzusetzen.

Taschen

Taschen gibt es in allen möglichen Formen; wir wollen uns hier vor allem die **aufgesetzte Tasche**, auch mit Taschenklappe, sowie die **Seitennaht-Tasche** näher anschauen.

Diese beiden Taschenformen können Sie flexibel vielen Kleidungsstücken hinzufügen, egal ob sie ursprünglich vorgesehen waren oder nicht. Auch bei den beiden beiliegenden Schnittmustern für Kleid und Jacke sind diese Taschen ganz nach Ihrem Geschmack einsetzbar.

Schnittmuster für diese Taschen in verschiedenen Größen finden Sie auf der STOFFBAHN. **23** Sie können die gewünschte Tasche entweder abpausen und die jeweilige(n) Seite(n) für Ihr Projekt ausdrucken oder – falls Sie häufiger Taschen benötigen – gleich eine Sammlung gängiger Größen ausschneiden und aufbewahren.

Die **aufgesetzte Tasche** ist ein annähernd quadratisches Stück Stoff, das – je nach Kleidungsstück und gewünschter Platzierung – verschiedene Größen und verschieden geformte untere Ecken haben kann.

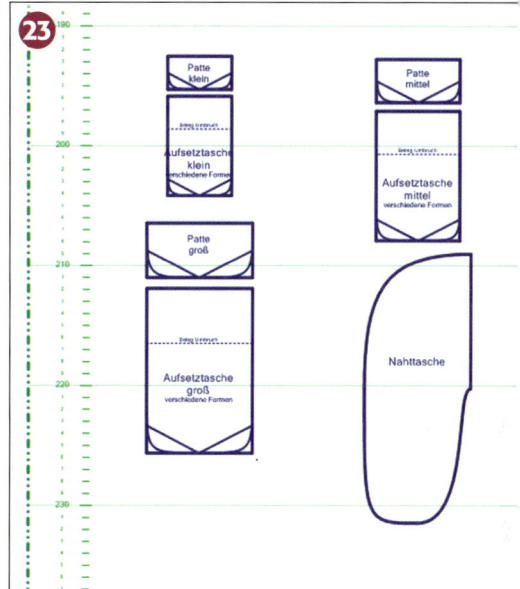

Aufgesetzte Taschen werden oftmals im vorderen Hüftbereich oder auf der Brust angebracht, sind je nach Kleidungsstück und gewünschter Wirkung aber auch am Ärmel, am Gesäß oder seitlich am Schenkel möglich.

Am besten sehen aufgesetzte Taschen normalerweise aus, wenn das Muster auf dem unterliegenden Stoff ohne Bruch auf der Tasche fortgesetzt wird. Dies muss bereits beim Zuschnitt sorgfältig beachtet werden. Aber auch Gegensätze können attraktiv sein: z. B. eine quergestreifte Tasche auf einer längsgestreiften Jacke, eine schwarze Tasche auf einem roten Kleid oder auch nur ein kontrastfarbiger Stoffstreifen. **24**

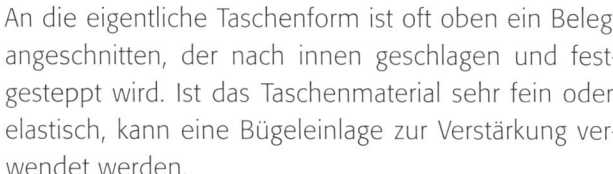

An die eigentliche Taschenform ist oft oben ein Beleg angeschnitten, der nach innen geschlagen und festgesteppt wird. Ist das Taschenmaterial sehr fein oder elastisch, kann eine Bügeleinlage zur Verstärkung verwendet werden.

Danach wird die Nahtzugabe der Taschenseiten nach innen geschlagen, gebügelt und gesteckt oder geheftet. **25**

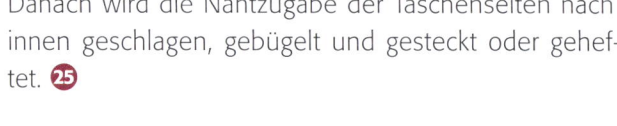

Die Tasche kann jetzt auf die unterliegende Stoffbahn aufgesteckt und in einer oder zwei Linien festgesteppt werden. **26** Anfang und Ende der Naht müssen gut und optisch sehr sauber vernäht werden, um ein Ausreißen der Tasche im täglichen Gebrauch zu vermeiden.

Zu welchem Zeitpunkt des Herstellungsprozesses Sie die Taschen aufnähen, sei Ihnen überlassen. Auf jeden Fall muss die entsprechende Stelle noch gut zugänglich sein, z. B. bei Ärmeltaschen vor dem Schließen der Ärmelnaht oder generell vor dem Einsetzen eines Futters. Aber auch eine spätmöglichste Applikation ist empfehlenswert, um die Wirkung von Lage und Größe der Tasche abschließend beurteilen zu können. Auch Asymmetrien fallen bei aufgesetzten Taschen sofort auf.

Über der aufgesetzten Tasche lässt sich eine **Taschenklappe** (Patte) platzieren. Beim Zuschnitt der Klappe müssen Sie genau wie bei der Tasche an die genau gewünschte Musterlage denken.

Das Schnitt-Teil wird doppelt zugeschnitten, dann rechts auf rechts seitlich und anschließend unten zusammengenäht. Die Nahtzugaben an der Oberkante werden nach innen geschlagen. Seite und Unterkante werden in der gleichen Form wie die Tasche abgesteppt.

Jetzt wird die Klappe über der Tasche festgesteckt und aufgesteppt.

Die **Seitennaht-Tasche** wird – wie der Name vermuten lässt – in der Seitennaht eingesetzt. Hier sollte das doppelt zugeschnittene Taschen-Teil gleich mit dem Zuschnitt der Rumpfteile vorbereitet und die Platzierung an Vorder- und Rückenteil in der Höhe genau markiert werden, spätestens bei der Anprobe des gehefteten Rumpfes. **27**

An die Vorder- und Rückenbahn des Rumpfteils wird je ein Taschenteil rechts auf rechts genau auf die spätere Nahtlinie genäht. **28**

Beim Schließen der Seitennaht nähen Sie dann von oben bis zum Taschenbeutel, anschließend in einem Zug um den Taschenbeutel herum und dann weiter der Seitennaht entlang bis zum Saum. **29**

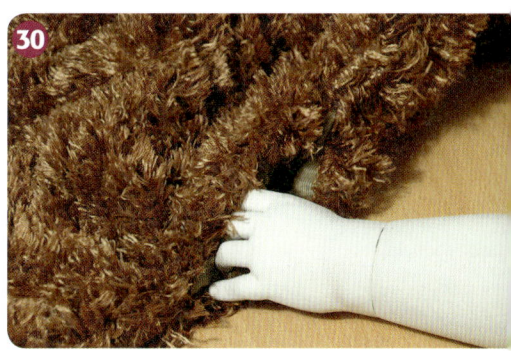

Nach dem Wenden und Bügeln ist von der Tasche dann nur noch ein kaum sichtbarer Schlitz entlang der Seitennaht wahrnehmbar. **30**

Säume und Bünde

Die Enden bzw. Ränder des Kleidungsstücks, also vor allem die Ärmelenden und der untere Kleidungsabschluss, sollen sauber und vielleicht funktionell sinnvoll abgeschlossen werden.

Säume sind der einfache Abschluss eines Randes durch Umschlagen der Saumzugabe oder durch einen zusätzlichen Belegstreifen.

Bünde zum Randabschluss sind dagegen etwas komplizierter: sie erfordern zusätzliches Material, eine Abdichtung, einen Zug etc.

Unauffällig, schlicht und die häufigste Form des Randabschlusses ist der **Saum aus der Saumzugabe**. Die Länge des Rumpfteils und der Ärmel wird um einiges größer zugeschnitten (siehe auch Abschnitt „Naht- und Saumzugaben" auf S. 86). Bei der letzten Anprobe wird die genaue Länge und Lage der Säume bestimmt und die überschüssige Länge nach innen umgeschlagen und festgesteckt. **31**

Der Saum kann jetzt durch eine Steppnaht oder mit einem Blindsaum (siehe Abschnitt „Nähte", S. 90–93) fertiggestellt werden. **32**

TiPP: ein doppelseitig beschichtetes Saumband aufbügeln und so die Saumzugabe fixieren.

Statt einer Saumzugabe können Sie auch einen **Saum mit Belegstreifen** rechts auf rechts an den Rand nähen. **33**

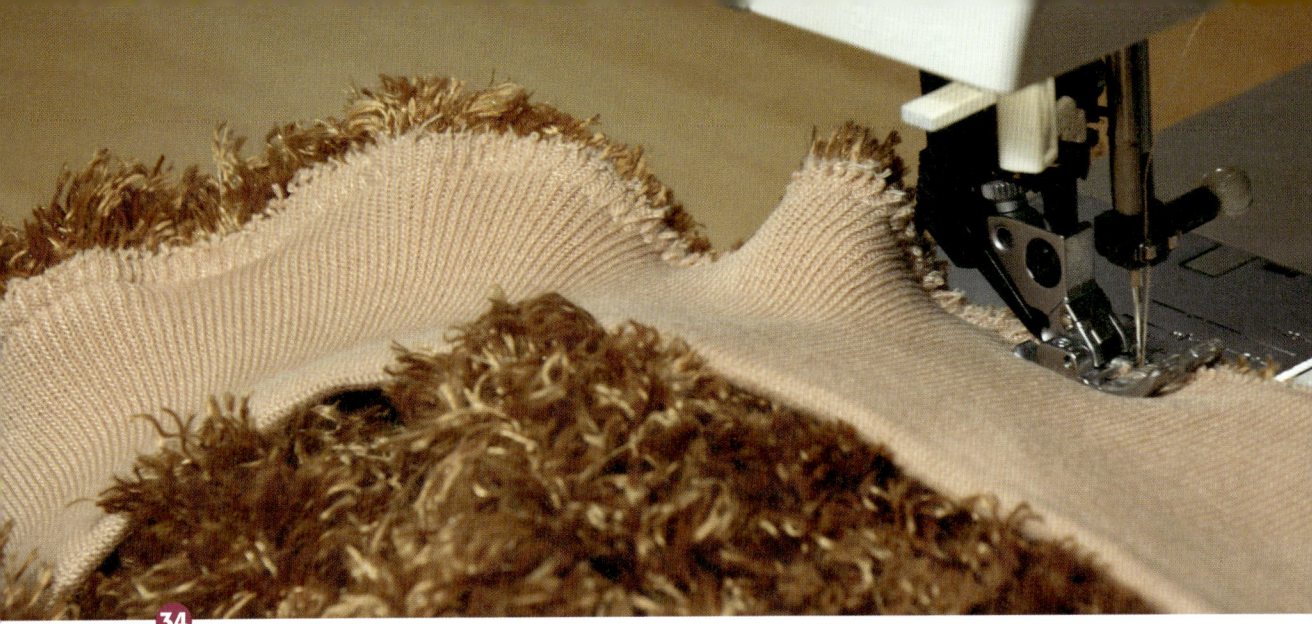

34

Das bietet sich z. B. an, wenn die Saumzugabe zu knapp geraten ist oder das Kleid bei der letzten Anprobe doch einige Zentimeter länger sein soll. Die Weiterverarbeitung erfolgt wie bei der angeschnittenen Saumzugabe.

Besonders für winterliche Kleidung eignet sich der **Strickbund**. Der Strickbund besteht aus einem breiten Streifen von schlauchartig doppellagigem, elastischem Strickmaterial, das direkt an den Kleidungsrand genäht wird. 34

35

Der Strickbund zieht am Ärmel und in der Taille (oder Hüfte) das Kleidungsstück wind- und wetterdicht an den Körper. Strickbünde ohne Naht für Ärmel und Kleider-/Jackensäume sind fertig zu kaufen und sehr praktisch, wenn die verfügbaren Farben passen. 35

Ansonsten lassen sich Stricksäume auch aus Meterware selbst herstellen.

Für einen **Gummibund** wird das Gummiband gestreckt direkt in den Saumumschlag eingenäht und hält somit ebenfalls den Saum am Körper. Der Gummibund kann durch hübsche Stiche und der sehr gleichmäßigen Kräuselung des Stoffes sehr dekorativ wirken. Nachteil des Gummibundes: Das mit der Zeit und den Wäschen stark abgeschlaffte Gummiband lässt sich angenäht nur schwer ersetzen.

Beim **Tunnelbund** liegt die Saumzulage oder der Saumbeleg nicht bündig am Oberstoff, sondern bildet einen Tunnel, der durch eine oder mehrere Öffnungen innen oder außen zugänglich ist. In diesen Tunnel kann jetzt ein Gummiband eingezogen werden. Vorteil des Tunnelbundes: Sie können das Gummiband später problemlos austauschen. Oft wird auch der Tunnelbund durch eingezogene Bänder oder elastische Seile mit speziellen Klemmen zusammengehalten. **36**

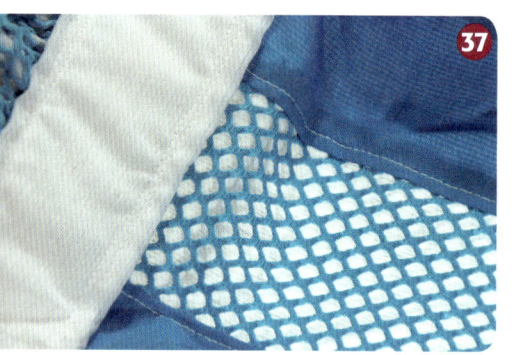

Der Gummibund und der Tunnelbund eignen sich auch als **Taillenbund**: **37**

Weit geschnittene Kleidung wird so in der Taille zusammengefasst und bildet eine ganz neue, interessante Linie, selbst wenn das Schnittmuster dies ursprünglich nicht vorsieht. Sie können und dürfen experimentieren!

Reißverschluss einnähen

Das Einnähen des Reißverschlusses zählt zu den etwas diffizileren Arbeiten an Ihrem Kleidungsstück. Lassen Sie sich Zeit – besonders als AnfängerIn – und heften Sie vor dem Nähen alles gut fest. Dann wird es funktionieren und gut aussehen.

Wir schauen uns hier zwei typische Arten von Reißverschlüssen an:

✂ den möglichst unauffälligen, oft in einer Naht sitzenden, schmalen Verschluss eines Kleides (oder Rockes, Ärmels etc.)
✂ den teilbaren, sichtbar eingesteppten vorderen Verschluss einer Jacke

Bevor Sie loslegen, sollten Sie eine wichtige Eigenschaft des Reißverschlusses nicht ignorieren: Er ist nur in bestimmten Längen erhältlich. Kaufen Sie deshalb immer auch gleich den Reißverschluss zusammen mit dem übrigen Material für Ihr Kleidungsstück ein.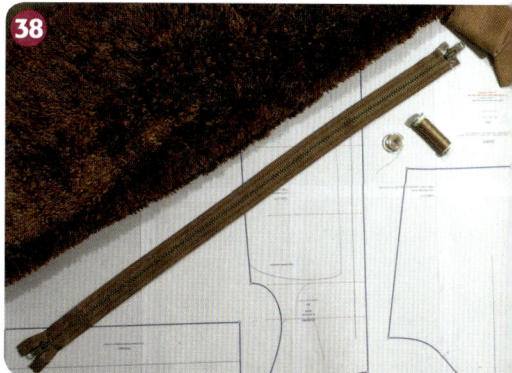

Vor dem Zuschnitt kennen Sie dann bereits die genaue Länge und können das Schnittmuster gegebenenfalls entsprechend leicht anpassen (siehe dazu auch das Kapitel „Zuschnitt" ab S.86).

Der **Kleider-Reißverschluss** kann entweder in einer vorhandenen Naht sitzen (z.B. im Rücken oder unter dem Arm) oder irgendwo auf freier Fläche (z.B. im vorderen Stoffbruch).

Für den Reißverschluss mitten im Stoffteil sind einige zusätzliche Vorbereitungen erforderlich, die wir uns zuerst anschauen.

Markieren Sie die genaue Länge des eigentlichen Verschlusses auf dem Stoff. Schneiden Sie zusätzlich einen Belegstreifen aus Ihrem Oberstoff zu, der umlaufend etwas größer ist als der Reißverschluss.

Diesen Belegstreifen steppen Sie jetzt mittig rechts auf rechts auf den Oberstoff, und zwar mit zwei eng beieinanderliegenden Nähten genau links und rechts der Markierung.

Schneiden Sie jetzt die Öffnung für den Reißverschluss genau zwischen den beiden Nähten. Der Abstand der Nähte sollte so gewählt sein, dass der Kantenabstand des Stoffes später möglichst gering ist, aber die Naht beim Wenden nicht aufgeht oder gar angeschnitten wird. Schlagen Sie den Beleg nach innen und bügeln Sie die Öffnung flach und gerade.

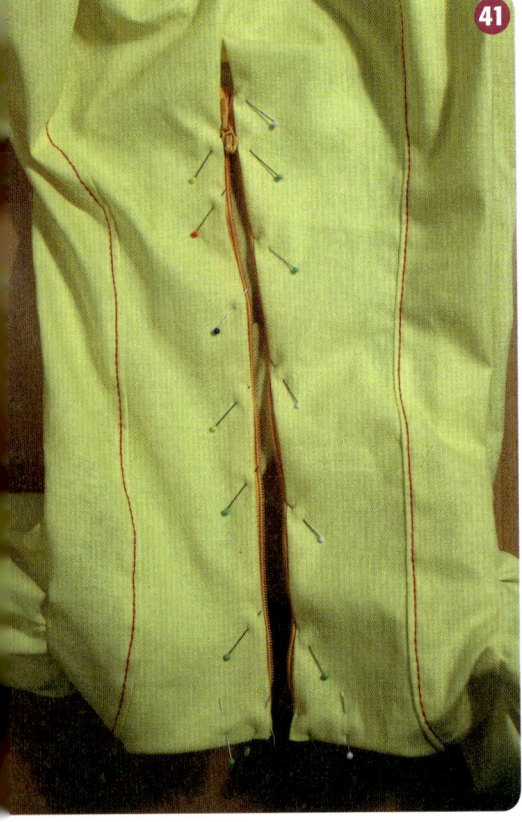

Jetzt finden Sie beim Reißverschluss auf freier Fläche eine sehr ähnliche Situation vor wie bei einem Reißverschluss in einer vorhandenen Naht (nachdem Sie die Naht bis zum Ende des Verschlusses geschlossen haben): einen Schlitz korrekter Länge, in den der Verschluss eingenäht werden kann. **40**

Setzen Sie den geschlossenen Reißverschluss jetzt in den Schlitz und heften Sie ihn gut fest. Die Stoffkanten müssen dabei sauber parallel und so eng beieinander wie gewünscht liegen. **41**

Die Naht, die jetzt den Reißverschluss halten wird, soll dicht neben dem Zahnstrang liegen. Bei Ihrer Nähmaschine werden Sie für diesen Zweck bestimmt einen speziellen Fuß finden mit einer Anleitung, wie dieser zu bedienen ist. **42**

Nähen Sie jetzt links und rechts den Reißverschluss nahe des Zahnstrangs an. Besondere Beachtung erfordert der Moment, wenn die Naht am Verschlussschlitten vorbeigeführt werden muss: kurz vorher Stoppen, die Nadel im Stoff belassen, den Nähmaschinenfuß heben und den Schlitten vorsichtig in den bereits genähten Bereich schieben. **43** Danach können Sie die Naht fortsetzen und anschließend auf der zweiten Seite genauso verfahren.

Das Schwierigste ist geschafft. Jetzt müssen Sie nur noch den Schlitz mit einem genähten Riegel sichern und innen Überstehendes versäubern.

Einfacher einzunähen ist der teilbare **Jacken-Reißverschluss**. Hier kann meistens der Verschluss direkt hinter die umgeschlagene Nahtzugabe der Vorderhälften geheftet werden. Führen Sie die Heftarbeiten unbedingt bei geschlossenem Reißverschluss aus – sonst schleicht sich leicht ein Versatz ein, und Halsausschnitt und Saum treffen nicht mehr sauber aufeinander. **44**

Nach dem Heften kann der Reißverschluss zum leichteren Nähen geöffnet und beidseitig neben der Zahnreihe festgesteppt werden.

TIPP: Wenn Sie als Obermaterial (wie im gezeigten Beispiel) Zotteliges verwenden, das in die Zähnchen geraten könnte: besser einen farbig passenden Belegstreifen aufsetzen, damit der Verschluss störungsfrei laufen kann.

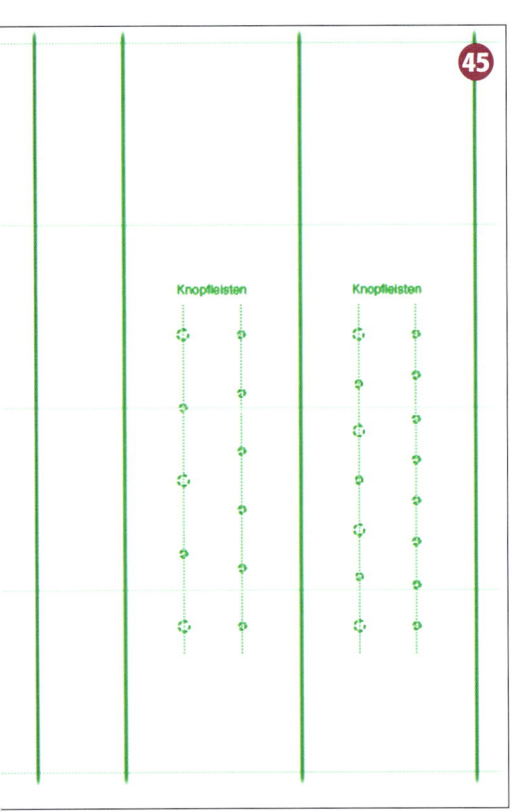

Knopflöcher und Knöpfe

Für einen Knopfverschluss benötigen Sie eine Knopfleiste am Kleidungsstück, Knopflöcher und Knöpfe.

Die **Knopfleiste** sollte eine gewisse Stabilität besitzen. Zumindest sollte der Stoff in diesem Bereich – meist durch einen Beleg – doppelt liegen. Bei feineren Stoffen ist eine zusätzliche Bügeleinlage empfehlenswert.

Zeichnen Sie die Positionen der Knopflöcher und Knöpfe auf dem Stoff ein. Die Anzahl der Knöpfe folgt Ihren Wünschen, meist sollten die Abstände aber genau gleich sein. Eine Auswahl gängiger Knopfabstände für Ihre Maße finden Sie auf der STOFFBAHN. **45**

Knopflöcher können waagerecht oder senkrecht angeordnet sein. Bitte beachten Sie beim Einzeichnen der Positionen, dass sich der Knopf bei waagerechtem Schlitz zum Rand zieht, aber bei senkrechter Anordnung mehrheitlich mittig bleibt.

Der Knopf muss durch das Knopfloch passen und dann halten. Nähen Sie ein Musterloch auf einem Reststück. 46 47

Jetzt können Sie die Knopflöcher nähen. Ihre Nähmaschine wird wahrscheinlich Zubehör und Spezialstiche für Knopflöcher vorhalten, was die Arbeit stark vereinfacht. Wenn nicht, können Sie die Knopflöcher aber auch in gleicher Qualität mit dem Zickzack-Stich (und etwas mehr Mühe) nähen.

Die Knopflöcher werden an den Markierungen in der gewünschten Länge genäht und vorsichtig aufgeschnitten.

Die Knöpfe können jetzt angenäht werden; dies machen Sie am besten mit der Hand und einem festen Faden. Knöpfe mit Stiel/Schaft können unmittelbar auf die Knopfleiste genäht werden. Bei Knöpfen mit Löchern beachten Sie bitte, dass bei dickeren Stoffen genug Raum zwischen Knopf und Knopfleiste bleibt. 48

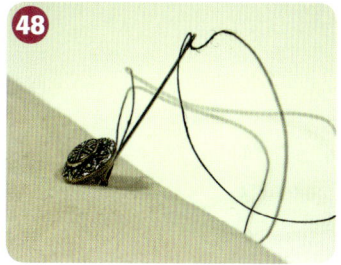

Schnürungen

Eine Schnürung besteht aus einer Schnur und zwei zu verbindenden Stoffkanten, an deren Rand Öffnungen die Durchführung der Schnur ermöglichen.

Bevor Sie die Schnürung in Angriff nehmen, sollten Sie die Rumpfweite optimieren, sodass der Kantenabstand bzw. die Öffnung der Schnürung später Ihren Wünschen entspricht.

Als Durchführungen eignen sich vor allem Ösen und Schlaufen.

Für die Markierung eines gleichmäßigen Abstandes für die Schnürung können wie bei Knöpfen die Knopfleisten auf der STOFFBAHN verwendet werden.

Lochösen sind in vielen Größen und mehreren Farben erhältlich. Sie eignen sich gut für die schnelle Herstellung einer Schnürung. Wichtig ist, ausreichend lange Ösen mit Gegenscheibe auf der Innenseite zu verwenden und diese gut festzuschlagen, um ein Ausreißen bei der Nutzung zu vermeiden.

Schlaufen lassen sich einfach an den Stoffkanten herstellen: Eine Schnur, Kordel oder einen dünnen Stoffschlauch in eine Schlaufe legen und gleichmäßig in Abstand und Weite zwischen die Nahtzugabe des Oberstoffs und des Belegs heften. Dann entlang des Randes steppen, besser zweimal parallel, dann sitzen die Schlaufen sicher.

Als **Schnur** werden Sie sicher etwas Passendes im Handel aus der Vielzahl der Bänder, Schnüre und Kordeln finden. Die Schnürung kann in verschiedenen Schnürbildern erfolgen (von unten nach oben; von oben nach unten; von der Mitte nach oben und unten, etc.).

Das PC-Programm *PASST!*

Das PC-Programm *PASST!* ermöglicht es Ihnen, digitalisierte Schnittmuster vielfach zu variieren und nach Ihren persönlichen Maßen auszugeben.

PASST! kann nur auf einem PC mit Windows-Betriebssystem installiert werden. Die genauen Systemanforderungen finden Sie auf der Rückseite des Buches.

Alle Bildschirmabbildungen sind auf einem PC mit Windows VISTA entstanden. Wenn Sie das Programm in Windows XP oder WINDOWS 7 (oder einem kommenden neuen Windows Betriebssystem) nutzen, können die Dialoge leicht von den Abbildungen abweichen.

Schauen wir uns jetzt *PASST!* einmal genauer an.

Programm-Installation und Registrierung

Sie müssen *PASST!* nur einmal auf Ihrem PC installieren. Die Installation ist einfach und entspricht dem Ablauf, den Sie sicher bereits von anderen Programm-Installationen kennen.

Hinweis für Nutzer von *GOLDPATT* V1.x: Deinstallieren Sie Ihre vorhandene *GOLDPATT*-Version nicht, die Programme stören sich nicht gegenseitig. So können Sie Ihre bisher genutzten Schnittmuster, Maße und Projekte weiter wie gewohnt verwenden.

Alles für die Installation Notwendige finden Sie auf der beiliegenden CD. Sobald Sie die CD einlegen, wird der Installationsvorgang automatisch starten. Sollte dies nicht der Fall sein, starten Sie bitte das Programm SETUP.EXE im Basisverzeichnis der CD (die abgebildeten Dateigrößen werden je nach Programmversion abweichen). ❶

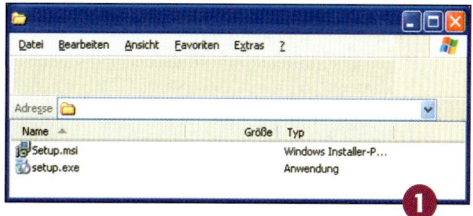

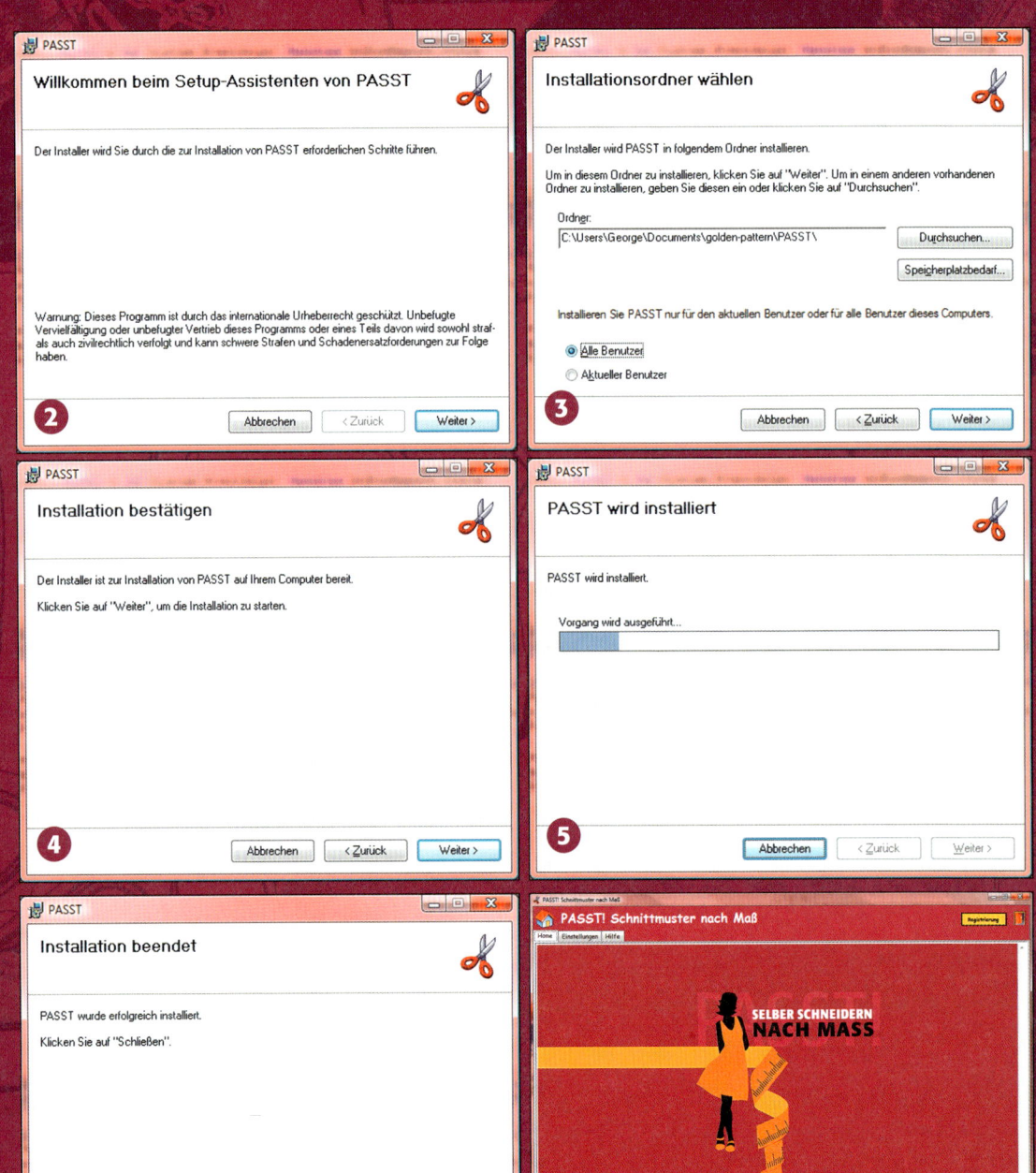

2

Willkommen beim Setup-Assistenten von PASST

Der Installer wird Sie durch die zur Installation von PASST erforderlichen Schritte führen.

Warnung: Dieses Programm ist durch das internationale Urheberrecht geschützt. Unbefugte Vervielfältigung oder unbefugter Vertrieb dieses Programms oder eines Teils davon wird sowohl straf- als auch zivilrechtlich verfolgt und kann schwere Strafen und Schadenersatzforderungen zur Folge haben.

Abbrechen   < Zurück   Weiter >

3

Installationsordner wählen

Der Installer wird PASST in folgendem Ordner installieren.

Um in diesem Ordner zu installieren, klicken Sie auf "Weiter". Um in einem anderen vorhandenen Ordner zu installieren, geben Sie diesen ein oder klicken Sie auf "Durchsuchen".

Ordner:
C:\Users\George\Documents\golden-pattern\PASST\   Durchsuchen...

Speicherplatzbedarf...

Installieren Sie PASST nur für den aktuellen Benutzer oder für alle Benutzer dieses Computers.

◉ Alle Benutzer
○ Aktueller Benutzer

Abbrechen   < Zurück   Weiter >

4

Installation bestätigen

Der Installer ist zur Installation von PASST auf Ihrem Computer bereit.

Klicken Sie auf "Weiter", um die Installation zu starten.

Abbrechen   < Zurück   Weiter >

5

PASST wird installiert

PASST wird installiert.

Vorgang wird ausgeführt...

Abbrechen   < Zurück   Weiter >

6

Installation beendet

PASST wurde erfolgreich installiert.

Klicken Sie auf "Schließen".

Prüfen Sie mit Windows Update, ob wichtige Aktualisierungen für .NET Framework zur Verfügung stehen.

Abbrechen   < Zurück   Schließen

7

PASST! Schnittmuster nach Maß

Home   Einstellungen   Hilfe   Registrierung

SELBER SCHNEIDERN NACH MASS

Jetzt folgen Sie den Beschreibungen der Installationsmasken. ❷

Die Installation prüft, ob alle erforderlichen Windows-Komponenten (das sogenannte „.net-Framework") in der richtigen Version vorhanden sind. Höchstwahrscheinlich ist dies auf Ihrem PC bereits der Fall, da diese Komponenten von vielen Programmen benötigt werden und bei neueren PCs auch bereits vorinstalliert sind. Wenn nicht, werden Sie zur Installation von den Microsoft Windows-Seiten aufgefordert, die Sie bitte ausführen.

In der Maske mit dem gewünschten Installationsordner können Sie entscheiden, ob Sie den vorgeschlagenen Ordner beibehalten oder ein anderes Verzeichnis wählen, in dem Sie alle Ihre persönlichen Daten speichern. Wichtig ist, dass Sie im gewählten Installationsverzeichnis volle Schreib-, Lösch- und Verzeichnisrechte besitzen. ❸ Sie können hier auch wählen, ob das Programm nur für Sie oder für alle Benutzer des PCs zugänglich ist.

Jetzt bestätigen Sie Ihre Eingaben. ❹

PASST! wird jetzt auf Ihrem PC installiert; dies wird nur einige Augenblicke dauern. ❺

Die erfolgreiche Installation wird bestätigt. ❻

PASST! kann jetzt aufgerufen werden. Der Installationsvorgang hat *PASST!* in Ihr Startmenü aufgenommen (zum Adobe Reader kommen wir im nächsten Abschnitt) und ein Icon auf der Bildschirmoberfläche hinterlassen, mit dem Sie das Programm mit Doppelklick starten können.

Bitte rufen Sie *PASST!* jetzt auf, die Startmaske erscheint. ❼

Damit Sie *PASST!* nutzen können, ist eine einmalige Registrierung im Internet erforderlich.

Registrierung

Hinweis für die Nutzer von GOLDPATT: Sie können sich direkt mit Ihren vorhandenen Kundendaten registrieren, eine neue Kundennummer ist nicht erforderlich und auch nicht sinnvoll (so können Sie später GOLDPATT-Schnittmuster auch in *PASST!* verwenden).

Neukunden Anmeldung

Bestätigung

Sehr geehrte Frau Patrizia Muster

Ihre Anforderung ist auf dem Weg zum Team von golden-pattern.

Sie erhalten Ihre Kundennummer und Ihren persönlichen Lizenz-Schlüssel für die Installation von GOLDPATT und die Bestellung von Schnittmustern an die von Ihnen angegebene eMail-Adresse

pat.muster@live.de

8

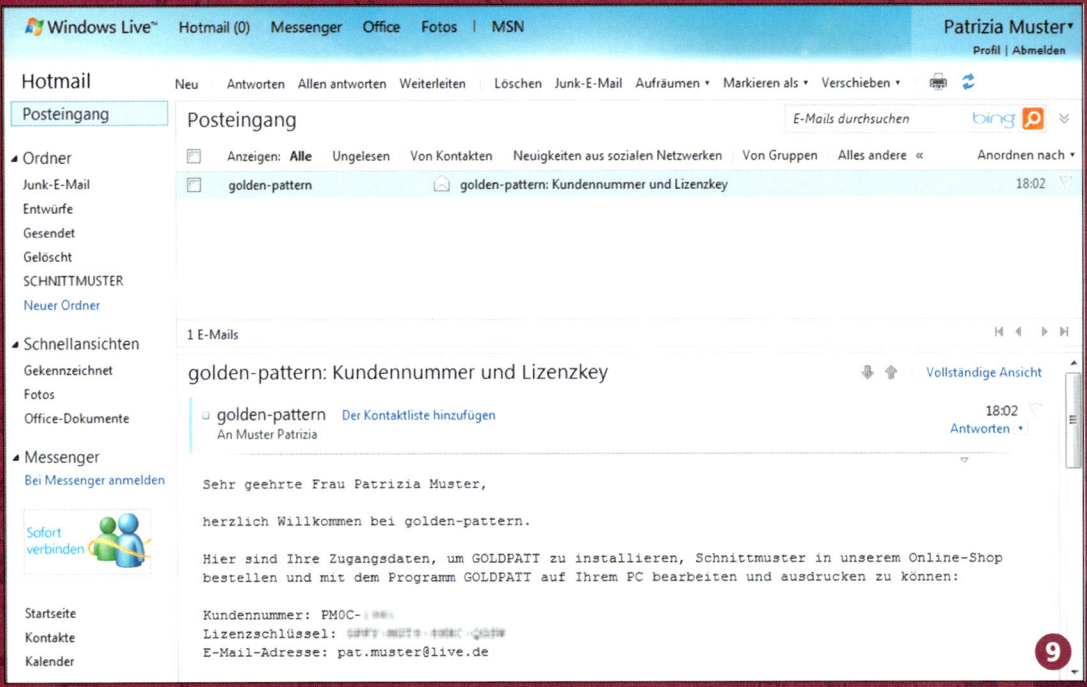

golden-pattern Hotmail (0) Messenger Office Fotos | MSN Patrizia Muster▾ Profil | Abmelden

Hotmail Neu Antworten Allen antworten Weiterleiten | Löschen Junk-E-Mail Aufräumen ▾ Markieren als ▾ Verschieben ▾

Posteingang

Posteingang   E-Mails durchsuchen   bing 🔍 ⌄

▲ Ordner ☐ Anzeigen: **Alle** Ungelesen Von Kontakten Neuigkeiten aus sozialen Netzwerken Von Gruppen Alles andere « Anordnen nach ▾
Junk-E-Mail ☐ golden-pattern   golden-pattern: Kundennummer und Lizenzkey   18:02
Entwürfe
Gesendet
Gelöscht
SCHNITTMUSTER
Neuer Ordner

▲ Schnellansichten   1 E-Mails   ⊮ ◂ ▸ ⊯
Gekennzeichnet
Fotos   **golden-pattern: Kundennummer und Lizenzkey**   ⬇ ⬆   Vollständige Ansicht
Office-Dokumente
  ◌ golden-pattern Der Kontaktliste hinzufügen   18:02
▲ Messenger   An Muster Patrizia   Antworten ▾
Bei Messenger anmelden
  Sehr geehrte Frau Patrizia Muster,
Sofort verbinden
  herzlich Willkommen bei golden-pattern.

  Hier sind Ihre Zugangsdaten, um GOLDPATT zu installieren, Schnittmuster in unserem Online-Shop
  bestellen und mit dem Programm GOLDPATT auf Ihrem PC bearbeiten und ausdrucken zu können:
Startseite
Kontakte   Kundennummer: PM0C-
Kalender   Lizenzschlüssel:
  E-Mail-Adresse: pat.muster@live.de   **9**

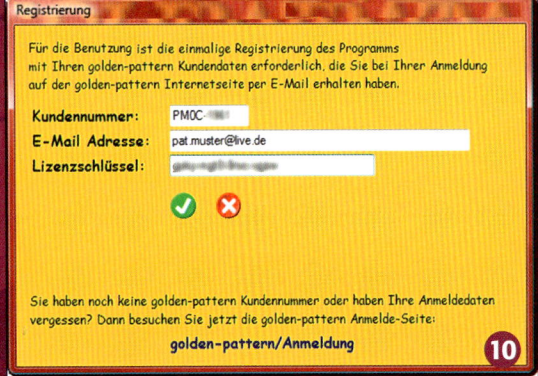

Registrierung

Für die Benutzung ist die einmalige Registrierung des Programms mit Ihren golden-pattern Kundendaten erforderlich, die Sie bei Ihrer Anmeldung auf der golden-pattern Internetseite per E-Mail erhalten haben.

Kundennummer: PM0C-
E-Mail Adresse: pat.muster@live.de
Lizenzschlüssel:

✅ ❌

Sie haben noch keine golden-pattern Kundennummer oder haben Ihre Anmeldedaten vergessen? Dann besuchen Sie jetzt die golden-pattern Anmelde-Seite:

golden-pattern/Anmeldung   **10**

PASST! Schnittmuster nach Maß   Patrizia Muster pat.muster@live.de
Home Meine Maße Meine Schnittmuster Meine Projekte Einstellungen Hilfe

SELBER SCHNEIDERN NACH MASS

11

Bitte achten Sie bei der Erfassung Ihrer Registrierungsdaten besonders auf die korrekte E-Mail-Adresse – alle wichtigen Informationen (z. B. Ihre Kundennummer, der Lizenzschlüssel, künftige zusätzliche Schnittmuster etc.) werden an diese E-Mail-Adresse geschickt. **❽**

Direkt nach Ihrer Registrierung erhalten Sie eine E-Mail mit Ihrer Kundennummer, der registrierten E-Mail-Adresse und dem Lizenzschlüssel für *PASST!* **❾**

Diese Daten tragen Sie in die Registrierungsmaske in *PASST!* ein – fertig! **❿**

In *PASST!* sehen Sie jetzt Ihre Registrierung und alle Menüpunkte. **⓫**

PDF-Dateien

Alle Schnittmuster, Maßblätter etc. werden in *PASST!* als PDF-Dateien gespeichert.

PDF (Portable Document Format) ist ein sehr verbreitetes, betriebssystem-unabhängiges Dokumentenformat, das von der Firma Adobe Systems entwickelt wurde.

Vorteil des PDF-Formats ist die einfache, formatgetreue Speicherung z. B. der Schnittmuster und die damit verbundene Möglichkeit, Schnittmuster zu sichern, weiterzugeben und auf anderen Systemen (auch auf Nicht-Windows-Betriebssystemen) anzusehen und auszudrucken.

Für die Ansicht und den Ausdruck von PDF-Dateien ist ein PDF-Reader bzw. PDF-Viewer erforderlich.

Sollte auf Ihrem PC noch kein PDF-Reader installiert sein, können Sie hier kostenlos herunterladen: www.adobe.com/de/downloads.

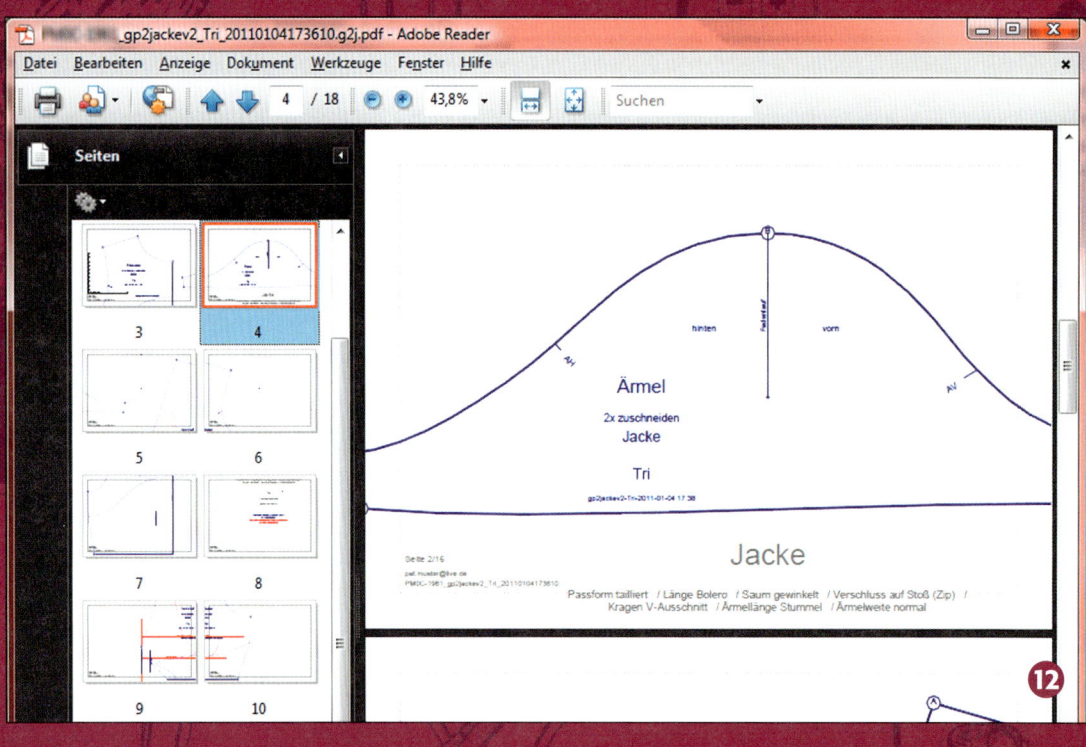

Seiten

3   4

5   6

7   8

9   10

Ärmel

2x zuschneiden
Jacke

Tri

gp2jackev2-Tri-2011-01-04 17.38

Seite 2/16
paf muster@live de
PMOC-1961_gp2jackev2_T4_20110104173610

Jacke

Passform tailliert / Länge Bolero / Saum gewinkelt / Verschluss auf Stoß (Zip) /
Kragen V-Ausschnitt / Ärmellange Stummel / Ärmelweite normal

12

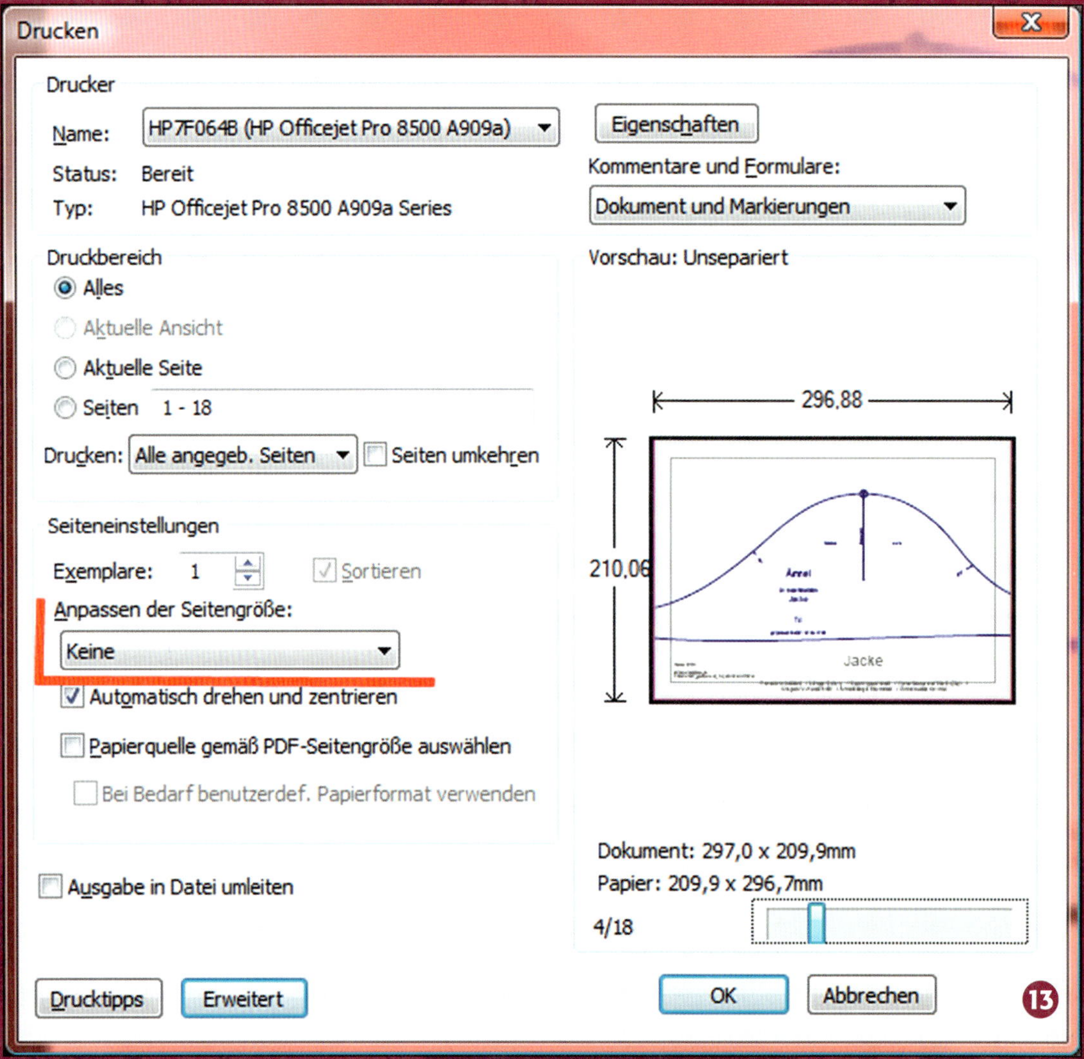

Drucken

Drucker

Name: HP7F064B (HP Officejet Pro 8500 A909a) ▼   Eigenschaften

Status: Bereit   Kommentare und Formulare:
Typ: HP Officejet Pro 8500 A909a Series   Dokument und Markierungen ▼

Druckbereich   Vorschau: Unsepariert

- ● Alles
- ○ Aktuelle Ansicht
- ○ Aktuelle Seite
- ○ Seiten   1 - 18

Drucken: Alle angegeb. Seiten ▼ ☐ Seiten umkehren

Seiteneinstellungen

Exemplare: 1 ⬍   ☑ Sortieren

Anpassen der Seitengröße:

Keine ▼

☑ Automatisch drehen und zentrieren

☐ Papierquelle gemäß PDF-Seitengröße auswählen

☐ Bei Bedarf benutzerdef. Papierformat verwenden

☐ Ausgabe in Datei umleiten

|← 296,88 →|

210,06

Ärmel

Jacke

Dokument: 297,0 x 209,9mm
Papier: 209,9 x 296,7mm

4/18

Drucktipps   Erweitert   OK   Abbrechen

13

PASST! öffnet dann seine Ausgaben direkt in dem Reader zur Ansicht und zum Ausdruck. ⓬

Bitte beachten Sie: Der Reader passt Ausdrucke oft automatisch an die Seitengröße an. Dies führt meist zu einer Verkleinerung beim Ausdruck, was natürlich die Schnittmuster unbrauchbar machen kann. Deshalb stellen Sie unbedingt im Drucken-Menü in der Auswahl „Anpassen auf Seitengröße" die Einstellung „Keine" ein. ⓭

Bitte kontrollieren Sie sicherheitshalber nach jedem Schnittmuster-Ausdruck das 10×10 cm - Testquadrat auf der ersten Seite des Schnittmusters.

Noch **zwei Tipps** zum Ausdruck der PDF-Dateien:

✂ Sie können Papier und Tinte (bzw. Lasertoner) sparen, wenn Sie vorab schauen, welche Seiten Sie nicht benötigen, z. B. das Titelblatt, die Beschreibungen oder auch einige nicht benötigte oder leere Seiten des Schnittmusters-Bogens.
✂ Passen Sie auf beim Ausdruck von Schnittmustern in einem anderen Papier-Format als DIN A4: Die Titel- und Beschreibungsseiten werden immer in DIN A4 erzeugt; deshalb sollten Sie nur die Schnittmuster-Seiten auf dem großformatigen Zieldrucker ausgeben.

PASST! Startseite und Menü

Die *PASST!* Benutzeroberfläche besteht aus einer Kopf- und einem Fußzeile sowie dem großen mittleren Bereich, der den Inhalt jeder Funktion zeigt.

In der Kopfzeile können Sie links die Funktionen wechseln; rechts sehen Sie Ihren registrierten Namen und die E-Mail-Adresse. Mit einem Klick auf die rote Tür verlassen Sie *PASST!*

In der Fußzeile ist vor allem ganz rechts das kleine grüne oder rote Netzsymbol interessant. Ist es grün, besteht an Ihrem PC eine aktive Internetverbindung und Sie können mit einem Klick auf das Symbol direkt zu *golden-pattern* gelangen.

©1999-2011 golden-pattern® - PASST! V2.0.1.1

Alle Funktionen von *PASST!* können Sie über die Menüreiter im Kopf von *PASST!* anwählen.

Beim Start von *PASST!* wird die Startseite „Home" angezeigt. Bei einer bestehenden Internetverbindung sehen Sie hier aktuelle Tipps & Tricks zum Programm, Hinweise auf neue Schnittmuster oder Programmversionen und vieles mehr. So sind Sie immer auf dem neuesten Stand.

Die folgenden Menüpunkte sind vor allem für Sie wichtig:

- ✂ In „Meine Maße" verwalten Sie Ihre persönlichen Maße und alle Maße, für die Sie nähen möchten: die Maße Ihres Partners, Ihrer Kinder, Ihrer Puppen etc. Weiterhin haben Sie direkten Zugriff auf über 100 gängige Standardgrößen, die Sie direkt ohne Vermessung für Ihre Schnittmuster-Projekte verwenden können.
- ✂ „Meine Schnittmuster" zeigt alle in *PASST!* installierten Schnittmuster zur schnellen Übersicht und Auswahl.
- ✂ „Meine Projekte" ist der Kern von *PASST!*: Hier werden Maß und Schnittmuster zusammengeführt. Sie sehen Skizzen des Kleidungsstücks an Ihrer eigenen Figur, Sie variieren das Schnittmuster und sehen die Vorschau der Schnittmusterteile, Sie können diese Einstellungen als „Schnittmuster-Projekt" speichern und ausgeben.
- ✂ In den „Einstellungen" können Sie Einstellungen von *PASST!* ändern und Ihre Daten sichern.
- ✂ „Hilfe" erläutert kurz die einzelnen Funktionen, falls Sie dieses Buch einmal nicht zur Hand haben.

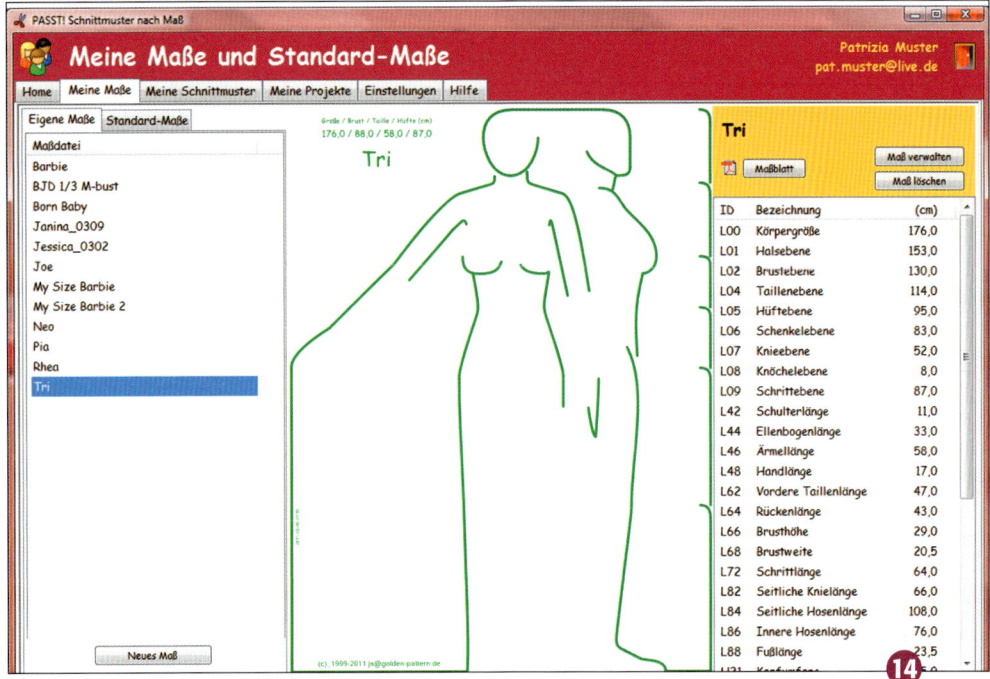

Meine Maße

Im Menüpunkt „Meine Maße" **14** verwalten Sie Ihre Maße und wählen die Maße zur Ausgabe des Schnittmusters aus.

Eigene Maße

Die Liste im Untermenü „Eigene Maße" zeigt alle Maße, die Sie bisher selbst erfasst haben. Nach der Installation werden Sie diesen Bereich also leer vorfinden, er wird sich aber schnell mit all den Personen oder auch Puppen füllen, die Sie benähen möchten.

Sobald Sie in der linken Liste auf einen Eintrag klicken, füllt sich der rechte Bereich mit den detaillierten Einzelmaßen. Im mittleren Bereich erscheint eine Personenskizze auf Basis der erfassten Maße.

Hier der Hinweis: Die Skizze sollte eine große Ähnlichkeit mit den Proportionen der erfassten Person besitzen. Erscheint die Silhouette irgendwie „krank" (beispielsweise überlange Schultern, eckige Hüfte, fehlender Kopf oder Ähnliches ...), sind ganz bestimmt einige Maße nicht korrekt. Bitte vor einer Schnittmuster-Ausgabe unbedingt prüfen und korrigieren.

Von allen Personen können Sie ein Maßblatt – eine PDF-Seite mit der Personenskizze und allen Maßen – für Ihre Dokumentation erstellen.

Maße verwalten

Unser Vermessungsformular ermöglicht das ruhige Vermessen abseits des PCs:

 PASST! Maß-Formular

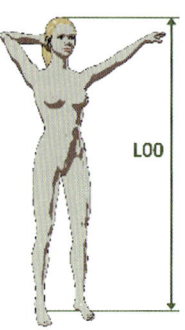

L00

Maßdatei **Tri_201103**

L00 Körpergröße

Die gesamte Körperhöhe bei aufrechter Haltung.

L00 **176** cm

◀ 🔄 ▶

vorheriges Maß | Ansicht | nächstes Maß

Prüfen und Speichern

Maß verwalten beenden

Tri 　　　　　　　⑮

🖼 Maßblatt 　　　Maß verwalten

　　　　　　　　　Maß löschen

ID	Bezeichnung	(cm)
L00	Körpergröße	176,0
L01	Halsebene	153,0
L02	Brustebene	130,0
L04	Taillenebene	114,0
L05	Hüftebene	95,0
L06	Schenkelebene	83,0
L07	Knieebene	52,0
L08	Knöchelebene	8,0
L09	Schrittebene	87,0
L42	Schulterlänge	11,0
L44	Ellenbogenlänge	33,0
L46	Ärmellänge	58,0
L48	Handlänge	17,0
L62	Vordere Taillenlänge	47,0
L64	Rückenlänge	43,0
L66	Brusthöhe	29,0
L68	Brustweite	20,5
L72	Schrittlänge	64,0
L82	Seitliche Knielänge	66,0
L84	Seitliche Hosenlänge	108,0
L86	Innere Hosenlänge	76,0
L88	Fußlänge	23,5
U21	Kopfumfang	55,0

⑯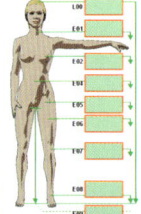

Vermessung und Maßverwaltung

Wenn Sie auf „Maß verwalten" klicken, können Sie die einzelnen Maße durchgehen und erfassen bzw. ändern. **15**

Falls Sie ein neues Maß aufbauen, können Sie zuvor noch eine Vorlage aus vorhandenen Maßen wählen, um sich Tipparbeit zu sparen und Missverständnisse zu vermeiden. Sie sehen eine kurze Beschreibung und die bildliche Darstellung des entsprechenden Maßes. Alle Maße werden in Zentimeter (cm), falls nötig mit Kommastellen, erfasst.

TiPP: Vermessen Sie sich niemals selbst! Es werden sich nennenswerte Fehler einschleichen, da Sie nicht gleichzeitig locker stehen und alle erforderlichen Körperstellen erreichen können.

Erfassen Sie immer alle Maße komplett! Die Einzelmaße beeinflussen und bedingen sich gegenseitig, und Sie können nicht immer wissen, welche Maße Sie für welches Kleidungsstück benötigen.

Auf den Maßdarstellungen ist übrigens ein weiblicher Körper abgebildet. Dennoch sollten Männer und Kinder auf die gleiche Weise mit allen Maßen vermessen werden.

Zur Vermessung: Es ist meistens unpraktisch, jedes gemessene Maß gleich in *PASST!* einzutragen; manchmal möchten Sie ja auch die Vermessung an einem anderen Ort vornehmen. In diesen Fällen können Sie einfach das Maßformular ausdrucken, darin in Ruhe alle Maße eintragen und später in *PASST!* übernehmen. **16**

Sobald Sie die Maße erfasst oder geändert haben, klicken Sie auf „Prüfen und Speichern". Bei Eingabefehlern werden Sie zur Berichtigung aufgefordert. Die Maßskizze der Person wird aktualisiert.

Wenn Sie mit dem Ergebnis zufrieden sind, können Sie die Maßverwaltung verlassen.

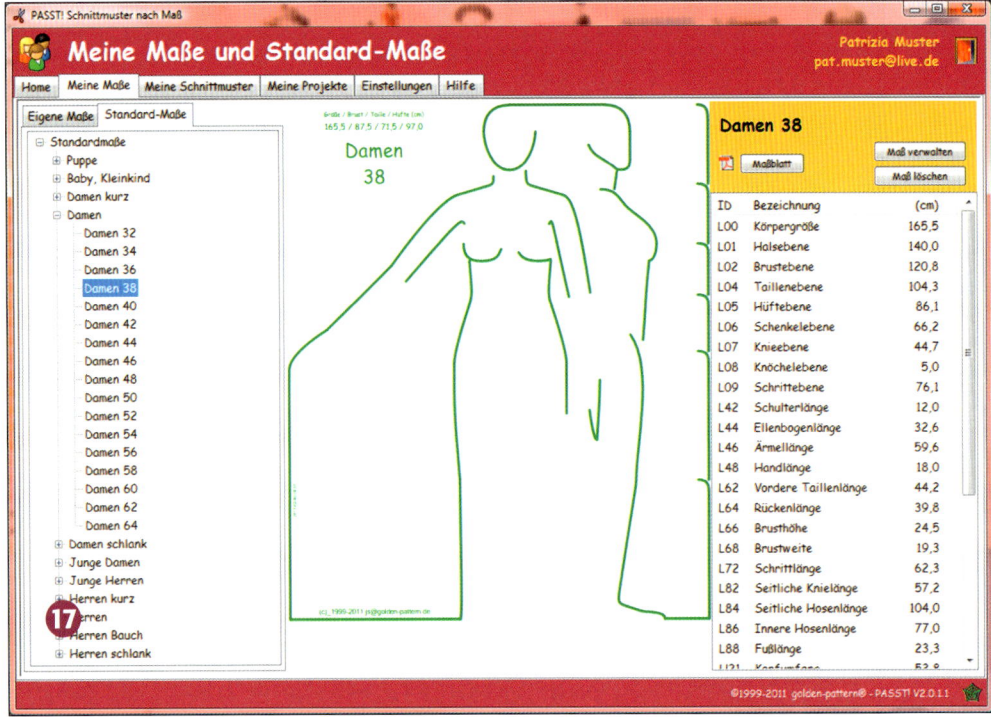

Standardmaße

In *PASST!* stehen Ihnen über 100 Standardmaße zur Verfügung. Die Maße sind in Personengruppen eingeordnet, Sie werden schnell das gewünschte Maß finden. **17**

Die Maßbezeichnungen entsprechen den üblichen deutschen Standardgrößen und sind nach bestem Wissen zusammengetragen. Dennoch weichen „gleiche" Größen z.B. in verschiedenen Versandkatalogen oder bei verschiedenen Modelinien teilweise nennenswert voneinander ab – daher sollten Sie die Maße vorher vergleichen.

Auch wenn das individuelle Vermessen für die optimale Passform unverzichtbar ist, können die Standardmaße wertvolle Hilfe leisten:

✂ bei Personen, die nicht verfügbar sind oder sich partout nicht vermessen lassen wollen (z.B. Kleinkindern)

✂ als schnelle Lösung für Schnittmuster, bei denen der letzte Zentimeter Genauigkeit keine große Rolle spielt (z.B. bei sehr weit geschnittenen Kleidungsstücken)

✂ als Vorlage bei der Erfassung eigener Maße, um z.B. Missverständnissen bei der Erfassung vorzubeugen

Eine Tabelle aller verfügbaren Standardgrößen mit den wichtigsten Maßen zur Orientierung finden Sie im Anhang auf S. 163.

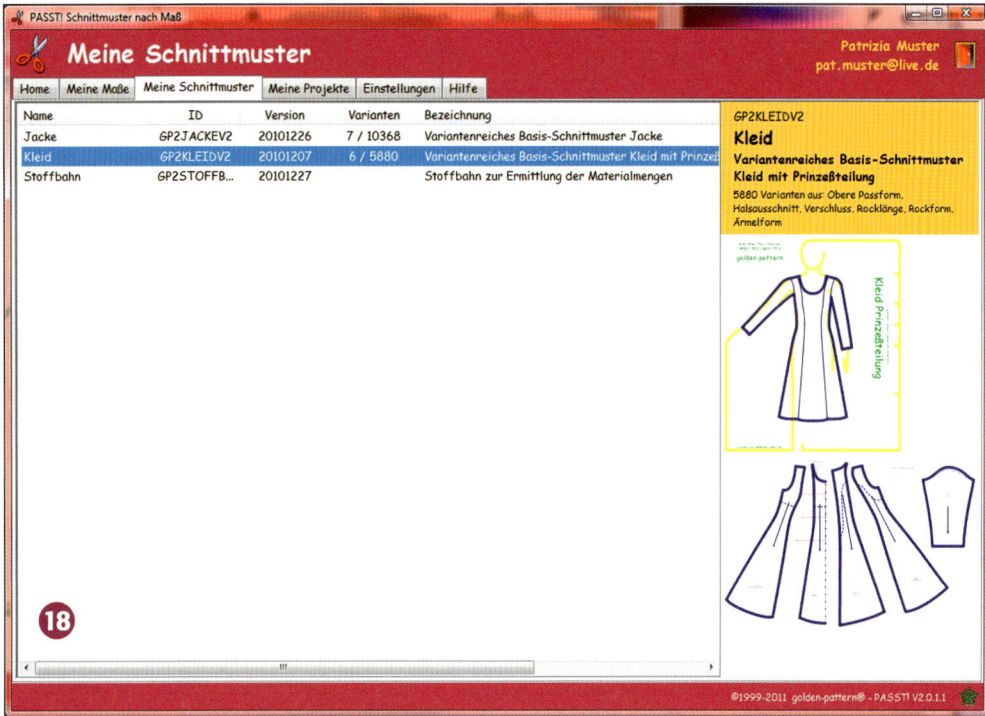

Meine Schnittmuster

Im Menüpunkt „Meine Schnittmuster" finden Sie alle auf Ihrem PC installierten *PASST!*-Schnittmuster zur Auswahl für Ihr Selberschneidern-Projekt. **18**

Die Liste auf der linken Seite zeigt die mitgelieferten Schnittmuster JACKE (siehe S. 144) und KLEID (siehe S. 131) sowie das Sonderschnittmuster STOFFBAHN (siehe S. 156) zur individuellen Ermittlung des Stoffbedarfs.

Neben dem Namen und der Bezeichnung des Schnittmusters finden Sie in der Liste den Ident des Schnittmusters, die Version für mögliche Aktualisierungen sowie die Anzahl der möglichen Varianten. Mehr zu den Varianten erfahren Sie im folgenden Kapitel.

Bei Klick auf ein Schnittmuster sehen Sie rechts die wichtigsten Daten sowie eine Ansicht der Skizze und des Schnittmusters.

Das Schnittmuster, das Sie hier anwählen, wird anschließend in „Meine Projekte" verwendet.

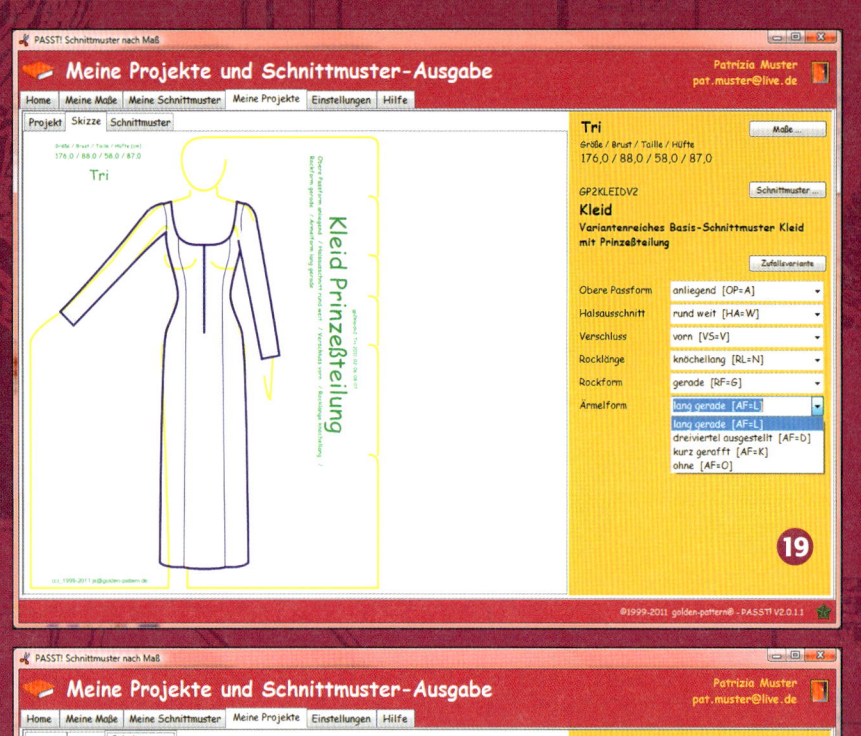

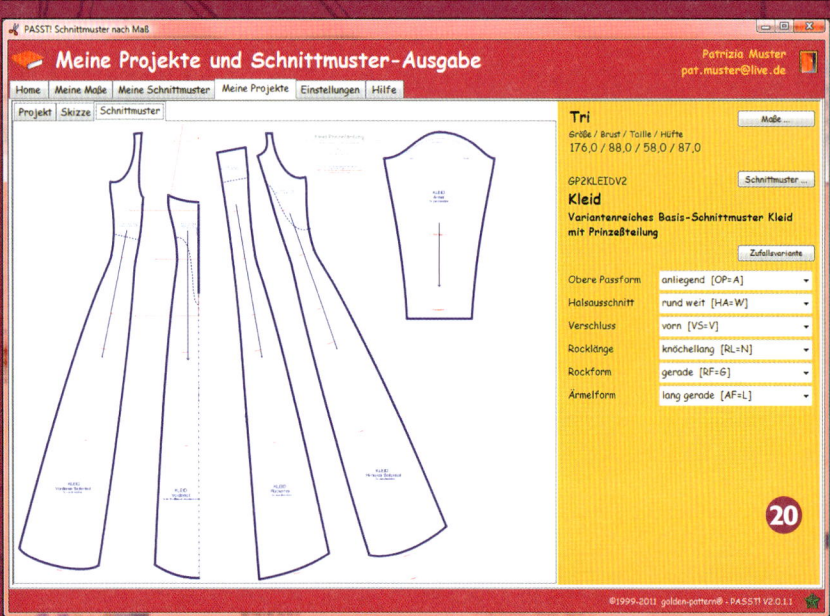

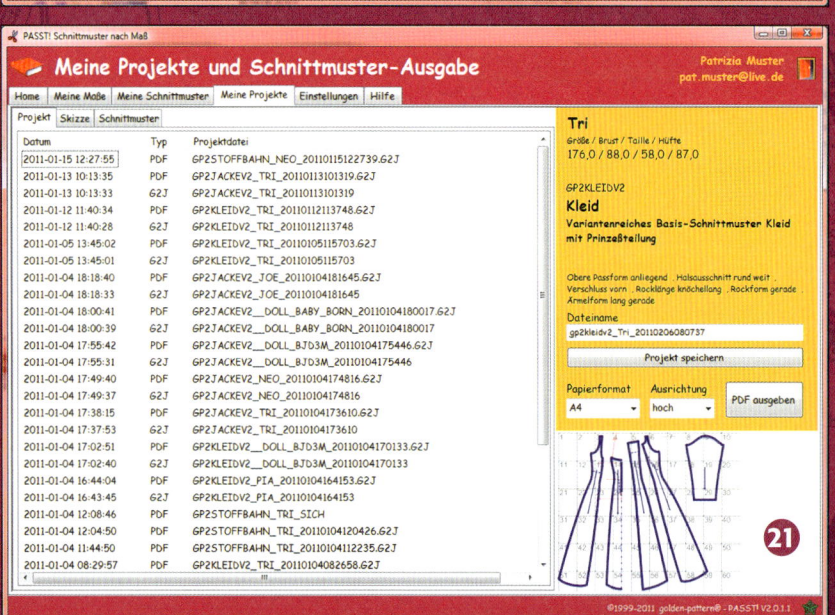

Meine Projekte

Ein „Projekt" ist bei *golden-pattern* ein konkretes Selberschneidern-Vorhaben – bestehend aus konkreten Maßen und einem Schnittmuster in individueller Variante.

Sie können Ihr Projekt speichern und den dazugehörigen Schnittmuster-Bogen nach Maß, der als PDF-Datei hinterlegt ist, beliebig häufig ausdrucken.

Schnittmuster auswählen und variieren

In „Meine Projekte" finden Sie das Untermenü „Skizze". Wenn Sie zuvor in „Meine Maße" ein Maß ausgewählt haben und in „Meine Schnittmuster" ein Schnittmuster, sehen Sie jetzt die Skizze der Standardvariante dieses Schnittmusters vor sich. Wenn nicht, kann über die Buttons „Maße" und „Schnittmuster" die Auswahl vorgenommen werden. **19**

Bei variantenreichen Schnittmustern können Sie rechts die einzelnen Einstellungen vornehmen.

Beim Kleid wählen Sie beispielsweise den gewünschten Halsausschnitt, die Rocklänge, die Ärmelform etc. – Sie haben tausende verschiedene Kombinationsmöglichkeiten. Bei jeder Auswahl ändert sich die Skizze, so dass Sie das Ergebnis vorab sehen können.

Ich möchte Ihnen an dieser Stelle wärmstens den Button „Zufalls-variante" ans Herz legen: Jede Einstellung wird zufällig ausgewählt. Probieren Sie es aus, ruhig mehrmals – es entstehen Modelle, die Sie diesem Basis-Schnittmuster nicht zugetraut hätten. Vielleicht ja auch Ihr neues Traummodell?

Sie können jederzeit in das Untermenü „Schnittmuster" wechseln. **20** Sie sehen hier die Schnittmusterteile, die ebenfalls bei jeder Variantenänderung aktualisiert werden.

Schnittmuster-Projekt speichern und drucken

Sobald Ihnen eine bestimmte Variante zusagt, wechseln Sie zum Untermenü „Projekte". **21** Auf der rechten Seite sehen Sie nochmals alle wesentlichen Informationen zu Ihrem Schnittmuster-Projekt.

Sie sollten Ihr Projekt für eine spätere Weiterverwendung speichern. Ein Dateiname, der das Schnittmuster und das gewählte Maß enthält, wird vorgeschlagen; Sie können aber auch einen eigenen Dateinamen vergeben.

Jetzt können Sie Ihr Schnittmuster nach Maß als PDF ausgeben. Eine Datei mit Titelblatt, Schnittübersicht, kurzer Beschreibung und den Schnittmusterseiten wird erzeugt und automatisch in Ihrem PDF-Reader geöffnet.

Für die Schnittmuster-Seiten können Sie das gewünschte Papierformat wählen. Voreingestellt ist das Format DIN A4. Falls Sie aber einen großformatigen Drucker besitzen oder einen guten Copyshop in der Nähe haben, können Sie auch andere Formate wählen. Sie können auch Hoch- oder Querformat einstellen. Möglicherweise lässt sich dadurch Papier sparen.

Im Reader sehen Sie rechts unten die Anzahl der benötigten Seiten.

Weiter im Menüpunkt „Projekt":

In der linken Liste sind alle bisher von Ihnen gespeicherten Projekte und ausgegebenen PDF-Schnittmuster verzeichnet.

Der Klick auf ein Projekt aus dieser Liste öffnet das Projekt zur Weiterbearbeitung.

Der Klick auf eine PDF-Datei aus dieser Liste öffnet die PDF-Datei in Ihrem PDF-Reader, Sie können drucken. Falls Sie Ihr allererstes Schnittmuster ausdrucken, lesen Sie bitte  zuvor den Abschnitt über PDF-Dateien auf S. 115.

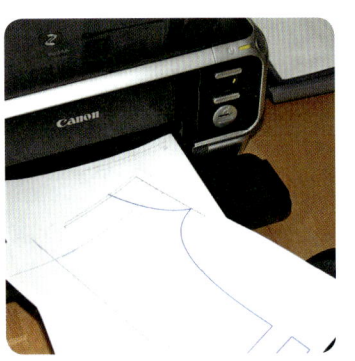

Schnittmuster vorbereiten zum Nähen

Sie haben jetzt Ihr Schnittmuster ausgedruckt: Das heißt, vor Ihnen liegt jetzt eine je nach Schnittmuster-Modell, Variante, Maßen und Papierformat mehr oder weniger große Anzahl von Seiten.

Aber nicht erschrecken – die Schritte, bis Sie losschneidern können, sind schnell erledigt.

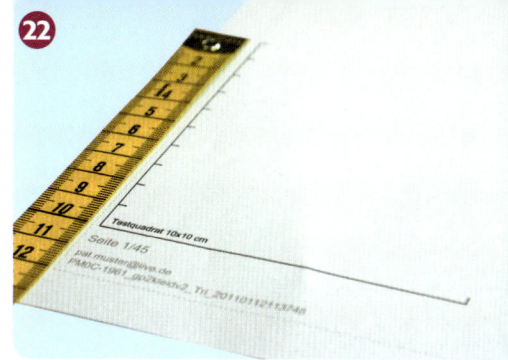

Zuerst nehmen Sie bitte die erste Seite des Schnitt-muster-Bogens. Dort finden Sie unten links ein 10×10 cm großes Testquadrat– bitte messen Sie nach. (Im Abschnitt „PDF-Dateien" auf S. 115 ist dazu alles Wesentliche erläutert.) **22**

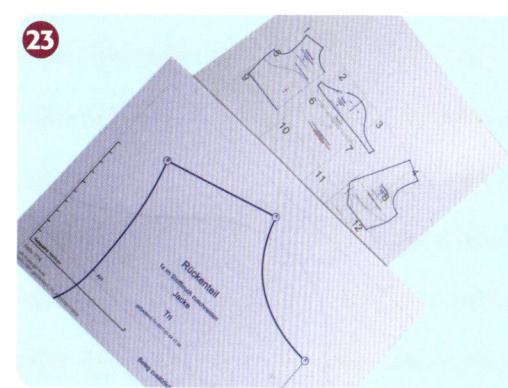

In einem zweiten Schritt müssen Sie nun die Seiten des Schnittmuster-Bogens zusammenkleben.

In der Schnittmuster-Übersicht (zweite Seite des Aus-drucks) sehen Sie die Anordnung der einzelnen Sei-ten. **23**

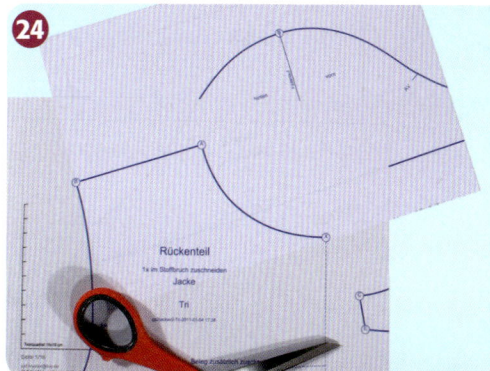

Auf jeder einzelnen Seite ist umlaufend ca. 1 cm vom Rand ein gepunkteter Kleberand eingezeichnet. Die Seiten/Linienführungen passen zusammen, wenn die-se Randmarkierungen übereinanderliegen. **24**

Am leichtesten und genauesten geht die Klebearbeit von der Hand, wenn Sie auf jeder Seite jeweils zwei Ränder, z. B. rechts und unten, an der Randmarkie-rung abschneiden. Das geht zügig mit einer großen Papierschere, für Viel-SchneiderInnen lohnt sich viel-leicht die Anschaffung einer Hebelschere. **25**

Jetzt kleben Sie die Seiten zusammen. Ich habe gute Erfahrungen damit gemacht, erst alle waagerechten Reihen und dann die Reihen senkrecht untereinander zu kleben. **26**

Seien Sie nicht übertrieben genau: Wenige Millimeter Versatz spielen während des späteren Herstellungs-prozesses und bei den Anproben keine Rolle.

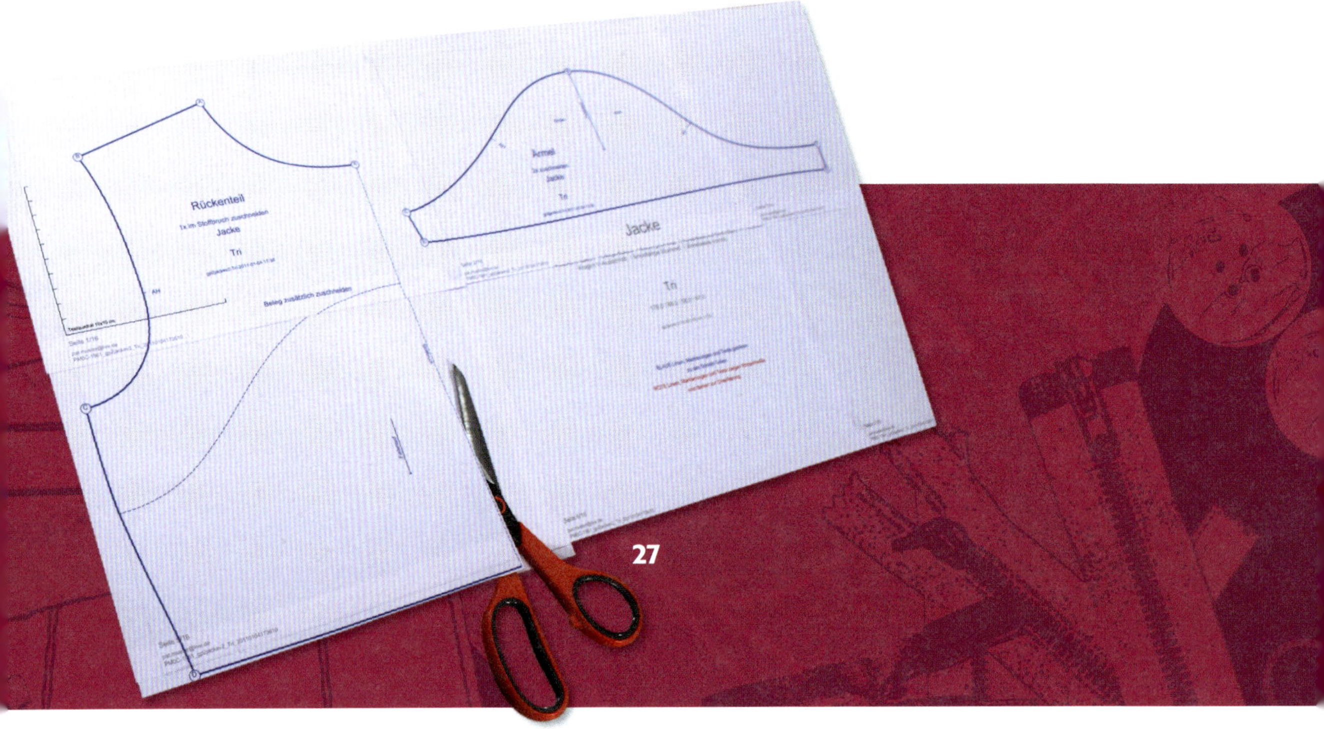

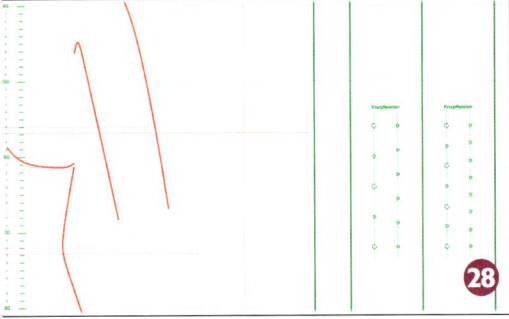

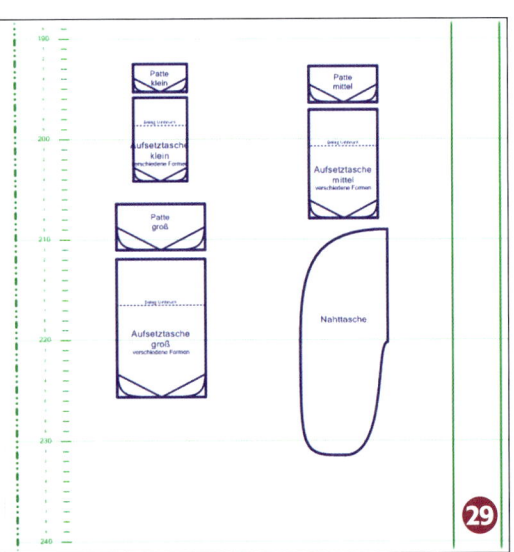

Der Schnittmusterbogen **27** liegt jetzt vor Ihnen, nun können Sie die Schnittteile ausschneiden. Die roten Körperlinien können Sie ignorieren und bei Bedarf durchschneiden; sie dienen nur der Orientierung, falls Sie bereits am Schnitt eigene, kreative Veränderungen vornehmen möchten.

Zusätzlich können Sie jetzt auf den Schnittteilen ergänzende Markierungen aufbringen oder einzelne Komponenten ergänzen, z. B. die geplanten Knopfpositionen bei einer Knopfleiste **28** (auf der STOFFBAHN sind unterschiedliche Abstände zum Übertragen abgebildet) oder Taschen **29** (ebenfalls auf der STOFFBAHN).

Ihr Schnittmuster nach Maß ist fertig!

Jetzt geht es ans Zuschneiden und Nähen. Hinweise zum Zuschneiden finden Sie auf S. 86. Ab S. 131 können Sie den Anleitungen für die beiliegenden Maßschnittmuster KLEID und JACKE folgen.

Einstellungen

Im Menüpunkt „Einstellungen" sehen Sie Informationen zu Ihrer Registrierung, Ihrem PC und der *PASST!*-Installation, und Sie können Datensicherungen vornehmen.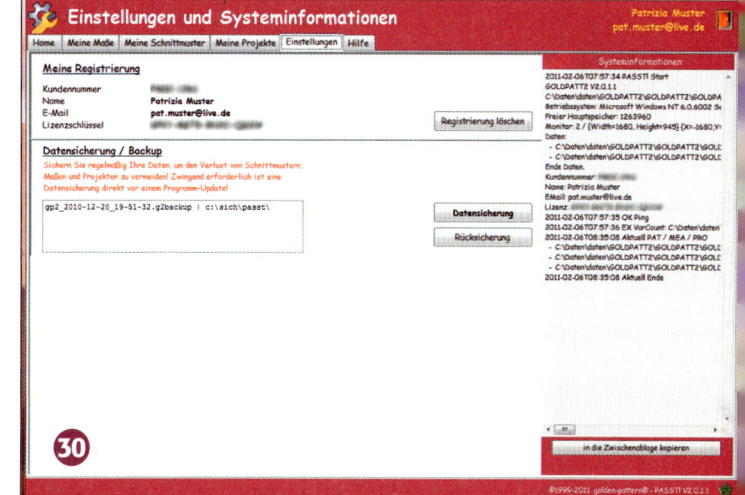

Meine Registrierung

Unter dem Punkt „Meine Registrierung" werden Ihre aktuellen Registrierungsdaten angezeigt.

Mit dem Button „Registrierung löschen" können Sie die Registrierung des Programmes *PASST!* entfernen, z.B. wenn sich Ihre E-Mail-Adresse oder Ihr Name geändert hat. In diesem Fall übertragen Sie bitte durch eine Neuregistrierung Ihre neuen Kontaktdaten.

Durch Löschung der Registrierung verhindern Sie auch den unberechtigten Zugriff durch andere Benutzer des PCs.

Bitte beachten Sie jedoch unbedingt vor Löschung der Registrierung: Ohne Registrierung können Sie nicht mehr auf Ihre Schnittmuster und Projekte zugreifen!

Datensicherung / Backup

Der Block „Datensicherung / Backup" ermöglicht es Ihnen, Ihre benutzerspezifischen Daten (Registrierung, lizenzierte Schnittmuster, Maße, Projekte) zu sichern.

Klicken Sie auf „Datensicherung" und wählen Sie im folgenden Dialog ein beliebiges Verzeichnis. Nach der Datensicherung können Sie dieses Verzeichnis auf DVD brennen oder auf eine Sicherungsfestplatte kopieren.

Sichern Sie regelmäßig! Ihre Registrierungsdaten können Sie immer wieder von *golden-pattern* anfordern, aber verschwundene Schnittmuster, Maße und Projekte sind unwiderruflich verloren!

Im Falle eines Datenverlusts, z. B. beim Ausfall Ihres PCs oder bei einem Wechsel auf einen neuen PC, gehen Sie wie folgt vor:

✂ Zuerst installieren Sie das Programm *PASST!* neu von der beiliegenden CD (oder eine inzwischen aktuellere Version von der *golden-pattern*-Homepage).
✂ Danach klicken Sie in *PASST!* / Einstellungen auf „Rücksicherung". Sie werden aufgefordert, ein vorhandenes Backup-Verzeichnis zu wählen. Ihre Registrierung, Schnittmuster, Maße und Projekte werden dann aus der Sicherung in die aktuelle *PASST!*-Installation übertragen.

TiPP: Bei einer Rücksicherung werden gleichnamige Dateien in der vorhandenen Installation überschrieben. Bitte vorher gut nachdenken.

Systeminformationen

Die Liste der Systeminformationen im rechten Bereich zeigt alle relevanten Informationen der *PASST!*-Installation.

Wichtig werden die Systeminformationen, wenn Sie sich wegen eines Problems mit *PASST!* an den Support von *golden-pattern* wenden.

Gegebenenfalls wird *golden-pattern* Sie in diesem Fall bitten, die Systeminformationen zu mailen. Hierzu können Sie den Button „in die Zwischenablage kopieren" benutzen und den Text einfach in Ihre Mail an den Support einfügen.

Hilfe

Im Menüpunkt „Hilfe" finden Sie die Anleitung zur Bedienung von *PASST!*, falls Sie dieses Buch einmal nicht zur Hand haben.

Falls Ihr PC über eine aktive Internetverbindung verfügt, erhalten Sie hier auch Tipps & Tricks, können aktuelle Kundenfragen (sogenannte Frequently Asked Questions – FAQ) oder Hinweise zu neuen Versionen lesen und vieles mehr.

Das Maßschnittmuster KLEID

Das Basisschnittmuster KLEID ermöglicht mit seiner Prinzessteilung (der durchgängigen Teilungslinie von der Schulter über die Brustmitte nach unten bis zum leicht geschwungenen Rocksaum) eine sehr homogene Anpassung an die persönliche Figur und an viele Passformen – von der eng anliegenden Stretch-Version bis zum gerade fallenden, weiten Modell.

Je nach Variante und Materialwahl lassen sich Kleiderwünsche für jeden Anlass erfüllen. Vielleicht haben Sie schon etwas vor Augen? Sie können aber auch mit den Varianten spielen oder sich (mehrmals) von der Zufallsvariante überraschen lassen.

Varianten

Über die vorgegebenen Variationsmöglichkeiten lassen sich über 5000 verschiedene Kleiderformen erzeugen:

✂ Obere Passform:
- Stretch: die Stoffweite ist etwas schmaler als der Körperumfang – es wird von einer Materialdehnung von etwa 10% ausgegangen; das Modell folgt angezogen eng der Körperform
- anliegend: die Stoffweite beinhaltet nur sehr geringe Bequemlichkeitszugaben; der Schnitt folgt deutlich der Körperform Brust – Taille – Hüfte; Achtung: je nach Material für faltenfreien Sitz gut anpassen!
- tailliert: mittlere Bequemlichkeitszugabe; der Schnitt folgt der Körperform Brust – Taille – Hüfte; leicht geglättet
- gerade: mehr Bequemlichkeitszugabe; der Schnitt fällt recht geradlinig von der Brust zur Hüfte und ist kaum tailliert
- weit: noch mehr Bequemlichkeitszugabe – noch gerader

✂ Halsausschnitt: je nach Form bedeutet „normal" etwa bis zur Hälfte Halsansatz und Brustebene, „tief" etwa bis zur Brustebene.
- rund halsnah
- rund normal
- rund weit
- V-Ausschnitt normal
- V-Ausschnitt tief
- Kastenausschnitt normal
- Kastenausschnitt tief

 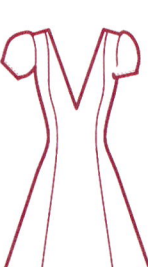 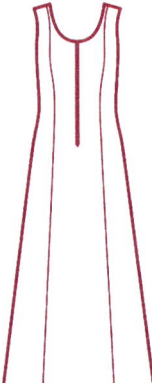 

✂ Verschluss: schnitttechnisch leicht zu bewerkstelligen; je nach Auswahl wird die Schnittteilung und die Form und Lage der Belege angepasst. Die Wahl des Verschlusses (z. B. kaum sichtbarer, verdeckter Reißverschluss gegenüber markanter farbiger Schnürung) kann die Wirkung eines Kleidungsstücks extrem verändern.
- vorn
- hinten

✂ Rocklänge:
- Mini: bis zur Schenkelebene
- kurz: zwischen Schenkelebene und Knie
- knielang
- dreiviertel: mittig zwischen Knie und Knöchel
- knöchellang
- bodenlang
- bodenlang mit Schleppe: geringe Schleppenlänge, kann aber der Formvorgabe folgend verlängert werden

✂ Rockform:
- gerade: der Rock ist von der Hüfte abwärts bis zum Saum kaum ausgestellt
- leicht ausgestellt: der Rock erreicht bei Knöchellänge knapp den doppelten Hüftumfang
- stark ausgestellt: der Rock erreicht bei Knöchellänge gut den dreifachen Hüftumfang

✂ Ärmelform:
- lang gerade: „normaler" einteiliger Ärmel mit nur geringem Einhalt an der Schulterkugel
- dreiviertel ausgestellt: ab dem Ellenbogen stark ausgestellter Ärmel mit geschwungenem Saum – wirkt besonders gut mit leichten, vielleicht transparenten Materialien
- kurz gerafft: die Armkugel wird sehr stark eingehalten (etwa doppelte Ausschnittsweite)
- ohne Ärmel: ohne Worte

Sollten Ihnen diese Variationsmöglichkeiten nicht ausreichen: Viele Details lassen sich auch ohne besondere Kenntnisse – nur mit etwas Mut – selbst anpassen, z.B. Rock- und Ärmellängen; die Saumform kann von den vorgegebenen leichten Schwüngen entweder bei der Anprobe ganz begradigt oder auch beispielsweise vor dem Zuschnitt mit Zipfeln versehen werden; auch der Halsausschnitt kann speziellen Wünschen folgen.

Material und Zuschnitt

Obermaterial:

Je nach gewünschtem Einsatzzweck des Kleides eignet sich der Schnitt für wirklich fast alle denkbaren Materialien, die nicht zu steif sind um einen eleganten freien Fall des Rockes zu verhindern. Hier einige Anregungen:

✂ Leinen ❶ und Baumwoll-Stoffe ❷, einfarbig oder gemustert, mit natürlicher Wirkung

✂ leichter Baumwoll-Jeansstoff ❸

✂ weich fließende, angenehm anzufassende Viskose-Stoffe in schöner Farbe ❹ und frecher Musterung (für einen fantastischen Sommertag?) ❺

✂ Wollkleider wirken edel und können angenehm warm sein. (Gegebenenfalls gut füttern, wenn es kratzt!) ❻ ❼

✂ Samt für elegante Modelle oder für historische Anspielungen (dieser Grundschnitt ist – bodenlang mit Schleppe, weiter Ausschnitt – praktisch ohne Änderungen seit dem 15. Jahrhundert gängig) ❽

✂ Warum nähen Sie nicht einmal ein Nachtkleid aus edler Seide?

✂ Ein Kleid aus reiner Seide muss aber nicht immer glatt und glänzend wirken. ❾

✂ Für Party und Ball sind eine Vielzahl außergewöhnlicher Materialien verfügbar, oft sogar erfreulich bezahlbar. Der Paillettenstoff des „Express"-Musters beispielsweise kostete weniger als 10 Euro/Meter, und war auch viel leichter zu verarbeiten als vielleicht zu vermuten wäre. ❿

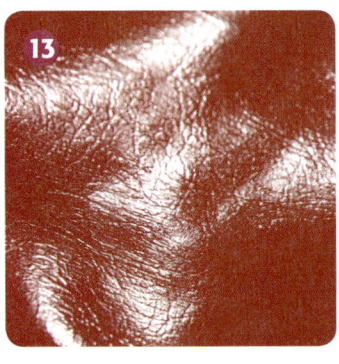

✂ Besondere Anlässe erfordern manchmal besondere Materialien in „besonderen" Ecken größerer Stoffgeschäfte. Für ein Konfirmations-/Kommunionskleid oder für ein Hochzeitskleid finden Sie dort oft traumhafte Gewebe. ⑪ ⑫

✂ Erfahrenere mögen sich vielleicht an (Kunst-)Leder wagen? ⑬

✂ Und wer sich vielleicht schon immer einmal etwas aus Latex zusammenkleben wollte – nur zu!

Beleg / Futter:

Bei vielen Materialien wie Leinen, Baumwolle oder Viskose reicht es in der Regel, den im Schnittmuster enthaltenen Beleg einfach aus dem Obermaterial zu arbeiten. Bei Obermaterialien, die entweder nicht angenehm auf der Haut zu tragen sind (oft z.B. bei Wolle), beim Tragen „wandern" oder sich in Unterwäsche verhaken könnten, sollten Sie den Beleg aus Futterstoff  nähen oder gar das gesamte Kleid füttern (den Beleg also in voller Länge zuschneiden und nicht nur zur gestrichelten Linie). Ein langer Futterstoff oder ein extra Unterrock ist ebenfalls notwendig, wenn Ihnen das Material im Gegenlicht zu transparent erscheint.

Sonstiges Zubehör:

Vergessen Sie beim Stoffkauf nicht das passende Garn. Hinweise dazu finden Sie auf S. 35.  Besorgen Sie sich das entsprechende Zubehör für den Verschluss. (Beispiel: Bei einem Kleid bietet sich ein nahtverdeckter Reißverschluss am Rücken an. Ein kleiner Haken ⑯ am Halsausschnitt über dem Reißverschluss sichert gegen Ausreißen und unbeabsichtigte Eigenöffnung.)

Materialbedarf:

Ermitteln Sie den genauen Materialbedarf mit der STOFFBAHN, siehe S. 156. Besonders bei langen, ausgestellten Kleidern reicht möglicherweise die Breite der Stoffbahn nicht ganz aus. Hier müssen Sie entscheiden, ob Sie den Rock entweder etwas schmaler zuschneiden oder anstückeln. Denken Sie auch an das Material für Taschen oder einen Stoffgürtel.

Zuschnitt:

Dem Kapitel „Zuschnitt" (ab S. 86) ist hier nichts hinzuzufügen. **17**

Zur Sicherheit sollten Sie die Papier-Schnittmusterteile vor dem Zuschnitt nochmals an den Körper halten, um Missverständnisse bzw. Irrtümer zu erkennen und damit Materialverschwendung zu vermeiden.

Die erforderliche Anzahl der Teile ist jeweils auf den Schnittteilen vermerkt; zusätzlich müssen Sie die markierten Belege/das Futter zuschneiden. **18**

TiPP: Naht- und Saumzugaben sind nicht im Schnitt enthalten und müssen also zusätzlich zugegeben werden!

Nähen

Die fertig zugeschnittenen Teile liegen jetzt vor Ihnen.

Zuerst sollten Sie alle Kleid-Bahnen an den Seitennähten zusammenheften. **19** Dadurch können Sie das Kleid bereits nach wenigen Minuten das erste Mal anprobieren.

Stecken Sie nun die Schulternähte **20** und den noch offenen Verschluss zusammen. Sie können jetzt leicht die Passform optimieren: Stimmt der Schulterwinkel? Fällt der Rumpf faltenfrei? Liegen Hals- und Armausschnitt an? Änderungen können Sie einfach durch Abstecken markieren, größere Änderungen am besten neu heften und nochmals anprobieren.

Alle Seitennähte können jetzt rechts auf rechts genäht werden. Auf Wunsch die Nähte absteppen. ㉑ Die Schulternähte bleiben noch offen.

Nähen Sie jetzt die Beleg-/Futterstücke an den Seitennähten zusammen. ㉒

Anschließend den Beleg jetzt rechts auf rechts am Halsausschnitt umlaufend aufnähen und am Verschluss noch offen lassen. Bei einem Modell ohne Ärmel den Beleg auch an den Armausschnitten umlaufend rechts auf rechts aufnähen, bei Ärmelmodellen offen lassen. Den Beleg nach innen wenden und flachbügeln.

Jetzt die Schulternähte rechts auf rechts schließen. Bei ärmellosen Varianten mit bereits angenähtem Beleg wird sich nur die Schulternaht des Oberstoffs maschinell nähen lassen, die Belegnaht wird später per Hand mit einigen Stichen geschlossen. ㉓

Die Seitennaht der Ärmel heften.

Bei einem gerafften Ärmel vorher in der Schulterkugel Raff-Fäden einziehen und grob zum richtigen Umfang vor-raffen. ㉔

Zum Einsetzen des Ärmels das Kleiderrudiment wieder anprobieren und den Verschluss zusammenstecken. Jetzt die Ärmel in den Armausschnitt anstecken. Durch leichte Drehung und Winkelveränderung kann ungewünschter Faltenwurf am Ärmel vermieden werden. Ihr Kleid sieht jetzt schon richtig gut aus, oder?

Die Ärmel können jetzt rechts auf rechts eingenäht werden. Speziell für Anfänger wahrscheinlich der schwierigste Teil des Projekts. 25

Unbedingt den Ärmel rechts auf rechts mit sehr vielen Stecknadeln umlaufend fixieren oder noch besser per Hand vorher anheften. Die Armkugel ist immer ein klein wenig größer als das Armloch (beim Raffärmel natürlich mehr). 26

Diese Überlänge in der oberen Hälfte des Ärmels (vor und hinter der Schulter) durch leichtes Einhalten einarbeiten. Die Ärmel-Seitennaht endgültig schließen. Die Ärmel wenden.

Hinweis für sehr kleine Ausführungen (z. B. für Kleinkinder wie in diesem Beispiel oder auch für Puppen): Bis zu einer gewissen Größe des Armlochs ist ein maschinelles Einnähen und auch ein späteres Säumen des Ärmels nicht möglich. In diesem Fall die Seitennaht des Kleides und die Seitennaht des Ärmels offen lassen, die Ärmel in ausgebreitetem Zustand rechts auf rechts in die jetzt unten offenen Armausschnitte nähen, die Ärmel jetzt schon säumen und dann die Ärmelseitennaht über den Verbindungspunkt an der Achsel die Seitennaht des Kleides hinab bis zum Saum „in einem Rutsch" zusammennähen.

Nun können Sie den Verschluss arbeiten. Details zu verschiedenen Verschlüssen finden Sie ab S. 77. Eine der häufigsten Varianten: Den hinteren Reißverschluss in den hinten noch offenen Schlitz einsetzen, den Oberstoff neben den Zähnchen nach innen schlagen, den Belegstoff innen genauso, mit vielen Stecknadeln fixieren oder besser per Hand einheften. Dann kann der Reißverschluss 27 mit

dem speziellen Fuß der Nähmaschine – der schön gleichmäßig dicht an der Zahnreihe entlanggleitet – eingenäht werden. Den Haken oben per Hand annähen. **28**

Auf Wunsch können jetzt der Halsausschnitt und der Verschluss sowie bei Modellen mit ohne Ärmel der Armausschnitt umlaufend abgesteppt werden. **29**

Das Kleid ein letztes Mal anprobieren. Den Rocksaum und die Ärmelsäume in der genauen gewünschten Länge abstecken.

Die Säume arbeiten. **30**

Fertig!

Sie haben jetzt einige – bei aufwändigeren Modellen viele – Stunden an Ihrem Wunschkleid gearbeitet. Sie stehen jetzt vor dem Spiegel oder sehen Ihren Partner, Ihre Tochter oder Ihre Puppe an.

Zufrieden?

Seien Sie kritisch, aber nicht unfair zu sich selbst! Falls Sie eines Ihrer ersten Kleidungsstücke selbst geschneidert haben, werden Sie sicher noch der einen oder anderen technischen Hürde begegnet sein, die das Endergebnis vielleicht beeinträchtigt hat. Auch hier macht die Übung den Meister. Seien Sie stolz auf Ihr Werk! Kaum ein anderes Hobby hat einen so unmittelbaren, praktischen, „tragbaren" Nutzen.

Planen Sie Ihr nächstes Selberschneidern-Projekt. Bestimmt haben Sie spätestens beim Nähen bereits Ideen entwickelt für ein noch schöneres, noch beeindruckenderes, ähnliches oder ganz anderes Modell.

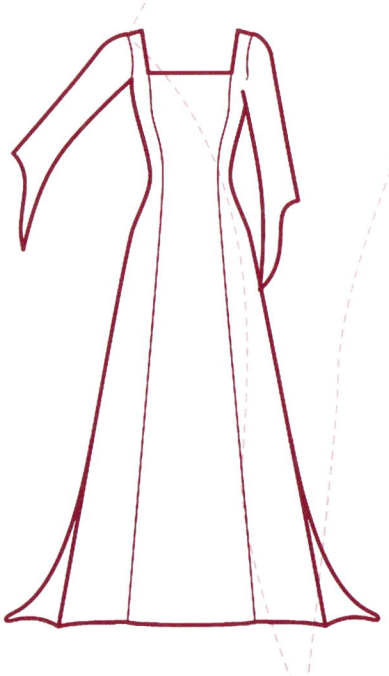

Das Maßschnittmuster JACKE

Das Basisschnittmuster JACKE ist ein einfach zu nähendes Grundmodell, jedoch mit seinen über 10.000 einstellbaren Varianten ganz bestimmt gut für eine Überraschung.

Probieren Sie im Programm die Varianten aus oder lassen Sie sich durch einen Klick auf „Zufallsvariante" mehrere Vorschläge machen.

Varianten

✂ Passform:
  ▪ anliegend (Stretch): die Stoffweite beinhaltet nur
  sehr geringe Bequemlichkeitszugaben; der Schnitt
  folgt genau der Körperform Brust – Taille – Hüfte;
  erfordert dehnbare Materialien
  ▪ tailliert: mittlere Bequemlichkeitszugabe; der
  Schnitt folgt der Körperform Brust – Taille – Hüfte;
  leicht geglättet
  ▪ gerade: mehr Bequemlichkeitszugabe;
  der Schnitt fällt recht geradlinig
  von der Brust zur Hüfte und ist kaum tailliert
  ▪ weit: viel Bequemlichkeitszugabe
  und gerade Linie

✂ Jackenlänge (wenn die gewünschte Länge nicht
  dabei ist: der Schnitt lässt sich auch sehr einfach
  selbst in der Länge anpassen):
  ▪ Bolero: ca. unterbrustlange Version
  ▪ taillenlang
  ▪ hüftlang
  ▪ schenkellang
  ▪ knielang
  ▪ knöchellang

✂ Saum:
  ▪ gerade: der Saum verläuft umlaufend gerade; rechtwinklig am Verschluss-Saum
  ▪ gewinkelt: etwa 1/3 der Breite des vorderen Saums ist zum Verschluss hin um 45° gewinkelt.
  ▪ rund: etwa 1/3 der Breite des vorderen Saums ist zum Verschluss hin abgerundet

✂ Verschluss:
  ▪ auf Stoß: die Verschlusskante liegt genau nebeneinander (wählen Sie diese Verschlussvariante, wenn Sie einen Reißverschluss, einen offenen Knebelverschluss oder eine Schnürung arbeiten wollen)
  ▪ überlappend: die Verschlusskante überlappt um etwa 2×15 % der Brustbreite (diese Variante ist für den normalen Knopfverschluss, Druckknöpfe oder Klettverschluss geeignet)

  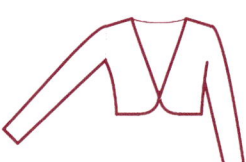 

✂ Kragen:
  ▪ V-Ausschnitt: kragenloser Ausschnitt, Tiefe bis etwa Unterbrust
  ▪ runder Ausschnitt: kragenloser Ausschnitt, Tiefe bis knapp unter die Brustlinie
  ▪ Schalkragen: anliegender Kragen in Form eines gleichmäßig schmalen Schalstreifens
  ▪ Wasserfallkragen: durch die gebogene Schnittform wellig fallender breiter streifenförmiger Kragen; besonders geeignet für feine Materialien, die für zusätzliches Volumen noch mit einer Kräuselnaht eingefasst werden können
  ▪ Rollkragen: halsnaher, hochstehender, umgeschlagener Kragen
  ▪ Kapuze: in einen V-Ausschnitt eingesetzte Kapuze; kann wie vorgeschlagen angenäht werden, aber auch abnehmbar eingeknöpft oder direkt an das Vorderteil einteilig angeschnitten werden

✂ Ärmellänge:
- lang: normaler gerader einteiliger Ärmel bis zum Handgelenk
- dreiviertel: Länge bis knapp unter den Ellenbogen
- kurz: Ärmel bis zur Mitte des Oberarms
- Stummel: Flügelförmiger Ärmelansatz; an der Schulter breiter; bis an die Achsel sehr schmal auslaufend
- (ohne Ärmel): keine auswählbare Variante; lassen Sie den Ärmel einfach weg

✂ Ärmelweite:
- anliegend (Stretch): Ärmel nur knapp weiter als der Armumfang; für elastische Materialien (Strick, Stretch) geeignet
- normal: Ärmelweite etwa 160 % des Armumfangs; geeignet vor allem, wenn die Jacke direkt am Körper getragen wird (z. B. als Bluse/Hemd)
- weit: Ärmelweite etwa 220 % des Armumfangs; sollte gewählt werden, wenn unter der Jacke ein Kleidungsstück mit Ärmeln getragen wird

Wie beim Kleid auch hier die Ermunterung zu Veränderungen: Neben der Länge (der Jacke wie auch der Ärmel) lässt sich auch die Saumform risikoarm anpassen; beim Kragen bieten sich vor allem Tiefen- und Breitenänderungen an, die die Optik des Stücks stark verändern können.

Etwas komplizierter ist die Veränderung der Ärmelweite, da hier neben dem Ärmelteil auch passend die Tiefe des Armausschnitts angepasst werden muss.

TiPP: Drucken Sie einmal vom Kleid in einer angeglichenen Passformvariante den Armausschnitt und den Ärmel aus und kleben Sie den Kleider-Armausschnitt am Papierschnitt über den Jacken-Armausschnitt – schon haben Sie einen Puffärmel oder einen ausgestellten Dreiviertelärmel an der Jacke!

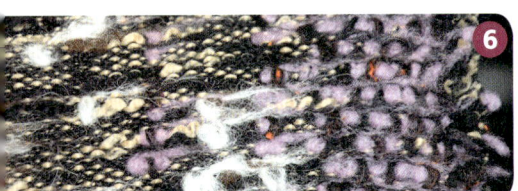

Material und Zuschnitt

Obermaterial:

Beim Material für die Jacke gibt es praktisch keine Einschränkungen. Je nach Anlass oder der Kombination mit anderen Kleidungsstücken finden Sie sicher das Richtige:

✂ Wollen Sie eine Bluse oder ein Hemd? Dann verwenden Sie besser leichte Stoffe wie Baumwolle ❶, Seide oder Viskose ❷, aber auch Leinen ❸.

✂ Die typische Kapuzenjacke besteht dagegen meistens aus dickem, weichem, innen aufgerautem Baumwoll-Jersey ❹ oder Synthetik-Fleece.

✂ Die jackettartig getragene Jacke kann aus Wollstoffen ❺ oder auch aus festem Jeansstoff gearbeitet sein.

✂ Der Bolero wird oft zu eleganten Modellen getragen. Hier bieten sich edle Wollstoffe ❻, Samt oder auch Effektmaterial ❼ an.

✂ Oder sind Sie ein Fan von Transparenz? Als Überjacke für Optik und Linie ohne Wärmeanspruch eignen sich hervorragend Netz- und Gespinststoffe.

✂ Möchten Sie einen Morgenmantel aus Seide oder Bademantel aus Frottee?

✂ Ganz kuschelig wird die Kunstpelzjacke.

Genug Anregungen. Laufen Sie in Ihrem Stoffgeschäft die Reihen entlang, lassen Sie sich von Strukturen, Farben und Mustern inspirieren.

Beleg / Futter:

Bei glatten, auf der Haut angenehmen Materialien wie Baumwolle, Leinen, Seide oder Viskose reicht es in der Regel, den im Schnittmuster enthaltenen Beleg aus dem Obermaterial zu arbeiten.

Materialien, die entweder nicht angenehm auf der Haut sind (oft z. B. bei Wolle), beim Tragen „wandern" oder sich in Unterwäsche oder der Unterkleidung verhaken könnten, sollten Sie den Beleg aus Futterstoff nähen oder gar die gesamte Jacke füttern (den Beleg also in voller Länge zuschneiden und nicht nur zur gestrichelten Linie).

Sonstiges Zubehör:

Vergessen Sie beim Stoffkauf nicht das passende Garn. ❽ Hinweise dazu finden Sie auf S. 35.

Besorgen Sie sich das entsprechende Zubehör für den Verschluss: Bei einer Jacke wird sich oftmals entweder eine Knopfleiste oder ein stärkerer Reißverschluss anbieten.

Denken Sie beim Reißverschluss an die verfügbaren Längen und verkürzen oder verlängern Sie daraufhin gegebenenfalls den Papierschnitt.

Materialbedarf:

Ermitteln Sie den genauen Materialbedarf mit der STOFFBAHN (siehe S. 156).

Bei der Jacke müssen Sie entscheiden, ob Sie zusätzlich Taschen aufzusetzen oder einen Bindegürtel verwenden. Denken Sie auch an das hierfür erforderliche Material.

Zuschnitt:

Alle Informationen zum Zuschnitt finden Sie ab S. 86.

Zur Sicherheit sollten Sie die Papier-Schnittmusterteile vor dem Zuschnitt nochmals an den Körper halten, um Missverständnisse bzw. Irrtümer zu erkennen und Materialverschwendung zu vermeiden.

Die erforderliche Anzahl der Teile ist jeweils auf den Schnittteilen vermerkt; zusätzlich müssen Sie die markierten Belege/das Futter zuschneiden. **10**

Bei der Kapuzen-Variante können Sie entscheiden, die Kapuze direkt an das Vorderteil anzuschneiden. Dafür kleben Sie das Kapuzenteil am Papier in den vorderen Ausschnitt und schneiden gemeinsam zu.

TiPP: Bitte unbedingt daran denken: Naht- und Saumzugaben sind nicht im Schnitt enthalten und müssen also zusätzlich zugegeben werden!

Nähen

Die fertig zugeschnittenen Teile liegen jetzt vor Ihnen. Zuerst sollten Sie die Seitennähte von Vorder- und Rückenteil zusammenheften. Dann können Sie die Jacke bereits nach wenigen Minuten das erste Mal anprobieren. ⓫

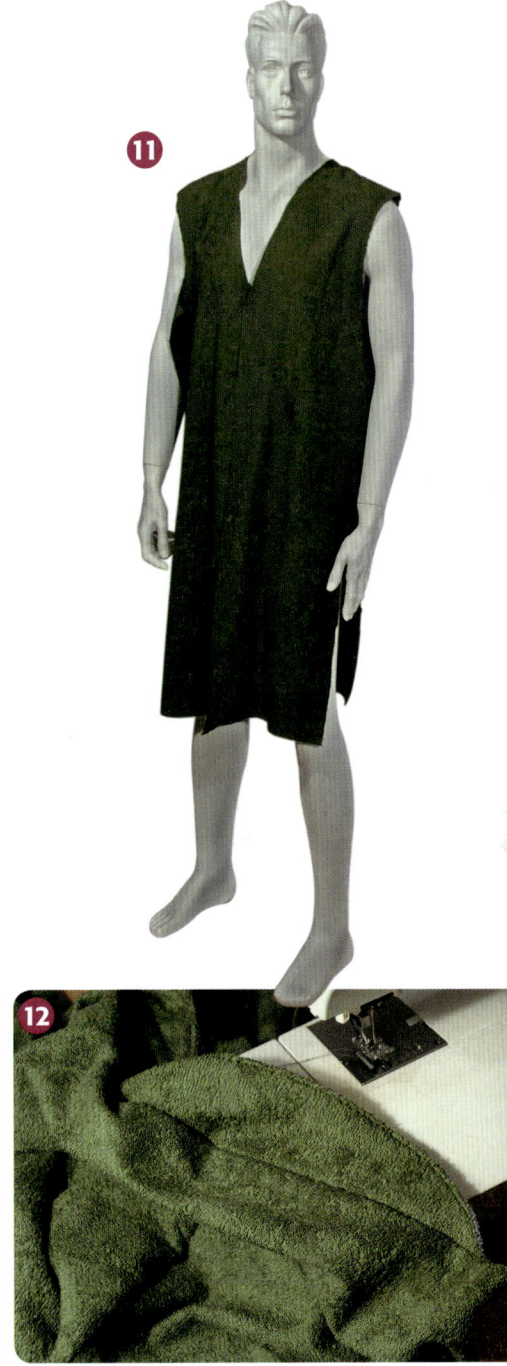

Stecken Sie nun die Schulternähte und den noch offenen Verschluss zusammen. Sie können jetzt leicht die Passform optimieren: Stimmt der Schulterwinkel? Fällt der Rumpf faltenfrei? Liegen Hals- und Armausschnitt an? Änderungen können Sie einfach durch Abstecken markieren, größere Änderungen am besten neu heften und nochmals anprobieren.

Die Schulter- und Seitennähte können jetzt rechts auf rechts, die Beleg-/Futterstücke an den Schulter- und Seitennähten zusammengenäht werden.

Bei einem Modell ohne Kragenteil: Den Beleg jetzt rechts auf rechts am Halsausschnitt umlaufend aufnähen und am Verschluss noch offen lassen.

Bei Modellen ohne Ärmel den Beleg auch an den Armausschnitten umlaufend rechts auf rechts aufnähen, bei Ärmelmodellen offen lassen. Den Beleg nach innen wenden und flachbügeln.

Den Kragen umlaufend rechts auf rechts an den Halsausschnitt heften, dabei die Nahtzugabe des Oberstoffs nach innen und die Nahtzugabe des Beleges nach außen schlagen, sodass das Kragenteil zwischen den versäuberten Lagen des Halsausschnitts liegt. Den Kragen ansteppen und in Position wenden. ⓬

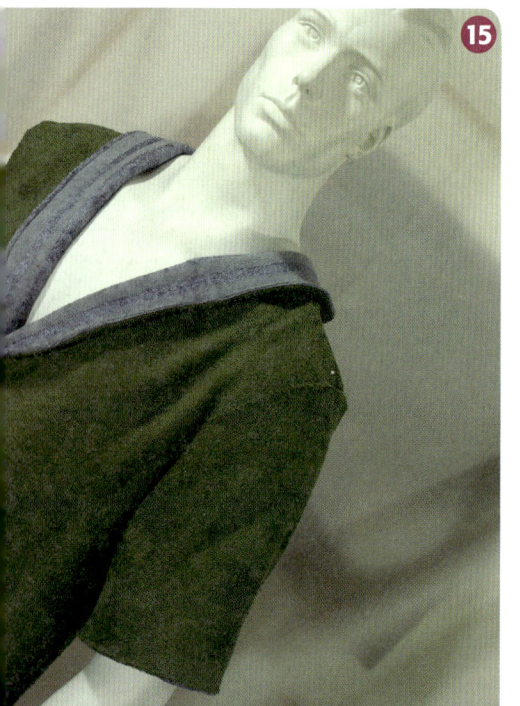

Die Seitennaht der Ärmel heften. **13** **14**

Probieren Sie zum Einsetzen des Ärmels den Jacken-rumpf wieder an und stecken Sie den Verschluss zu-sammen. Jetzt die Ärmel in den Armausschnitt anste-cken. Durch leichte Drehung und Winkelveränderung kann ungewünschter Faltenwurf am Ärmel vermieden werden. **15**

Die Ärmel können jetzt rechts auf rechts eingenäht werden. Sie sollten unbedingt den Ärmel rechts auf rechts mit vielen Stecknadeln umlaufend fixieren oder noch besser per Hand vorher anheften. Die Armku-gel ist immer ein wenig größer als das Armloch: Diese Überlänge jetzt in der oberen Hälfte des Ärmels (vor und hinter der Schulter) durch leichtes Einhalten ein-arbeiten, dann die Ärmel-Seitennaht endgültig schlie-ßen und den Beleg an den Ärmeleinsatz heften. Die Ärmel wenden.

Bei sehr kleinen Ausführungen (z.B. für Babys oder Puppen) ist ein maschinelles Einnähen des Ärmels und auch ein späteres Säumen des Ärmels nicht mög-lich. In diesem Fall die Seitennaht der Jacke und die Seitennaht des Ärmels offen lassen, die Ärmel in aus-gebreitetem Zustand rechts auf rechts in die jetzt un-ten offenen Armausschnitte nähen, die Ärmel jetzt schon säumen und dann die Ärmelseitennaht über den Verbindungspunkt an der Achsel weiter die Sei-tennaht der Jacke hinab bis zum Jackensaum zusam-mennähen.

Falls Sie Taschen aufsetzen möchten – oft in Hüft- und Brusthöhe – ist jetzt der richtige Zeitpunkt, die genaue, symmetrische (Symmetrie gewünscht?) Posi-tion zu markieren und die Taschen aufzunähen. **16**

Den Verschluss arbeiten. Details zu den verschiedenen Verschlüssen finden Sie ab S. 77. **17**

Jetzt können Sie einen Reißverschluss in die noch offene Verschlusskante einsetzen, den Oberstoff neben den Zähnchen nach innen schlagen, den Belegstoff innen genauso, mit vielen Stecknadeln fixieren oder besser per Hand einheften. Bei sehr zotteligem Material darauf achten, dass sich beim Schließen keine Fasern zwischen den Zähnchen verfangen können. Dann kann der Reißverschluss mit dem speziellen Fuß der Nähmaschine – der schön gleichmäßig dicht an der Zahnreihe entlang gleitet – eingenäht werden.

Für eine Knopfleiste die gewünschten Knopfpositionen markieren (Hilfestellung geben die Knopfleisten der STOFFBAHN), die Knopflöcher mit dem Spezialstich Ihrer Nähmaschine nähen und aufschneiden. Auf der anderen Seite die Knöpfe per Hand annähen.

Achtung: Anfänger denken bitte daran, dass die Verschlusslage üblicherweise geschlechtsspezifisch ist – bei Jungs ist das linke Vorderteil oben, bei Mädels das rechte. **18**

Probieren Sie nun die Jacke ein letztes Mal an und stecken Sie den Jackensaum und die Ärmelsäume in der genauen gewünschten Länge ab.

Die Säume arbeiten. **19**

Fertig!

Ihre Jacke ist fertig. Ist sie so schick, kuschelig, praktisch, elegant, sexy oder cool, wie Sie sie sich vorgestellt haben? Fein. Ansonsten einfach schauen, was nicht geklappt hat, ändern oder nochmal probieren.

Zugabe: die Reste-Mütze

Nehmen wir an, die Winterjacke für den Nachwuchs ist genäht, und Sie sitzen vor den Materialresten. Ein Stück Strickbund ist übriggeblieben sowie Fell- und Futterabschnitte. Der Strickbund passt genau um den Kopf – da könnte man ja noch eine Mütze mit Ohrenschutz nähen!

Absolut unkompliziert ist eine **Ballonmütze**. Hierfür benötigen Sie kein „Schnittmuster nach Maß".

Einfach aus einem Stück Papier – beispielsweise den Resten des Jacken-Schnittmusters –einen Halbkreis ausschneiden, der über den Kopf gut von Ohr zu Ohr reicht. ❷⓿

Dann dieses selbst erstellte Schnittmuster zuschneiden; im Stoffbruch 1-mal aus Obermaterial und 1-mal aus Futterstoff, sodass zwei kreisförmige Teile entstehen, die, mittig auf den Kopf gelegt, bis über die Ohren und Augen hängen.

Jetzt den Streifen Strickbund, der elastisch dicht um den Kopf anliegen soll, zu einem Ring schließen. ❷❶

Die Nahtzugaben des Obermaterial-Kreises und des Futter-Kreises nach innen schlagen, raffen und umlaufend um den Rand des Strickbundes heften. ❷❷

Den Strickbund, Obermaterial und Futter umlaufend mit einem Elastikstich zusammensteppen.

Mütze aufsetzen. Ihr „Nicht-einmal-eine-Stunde"-Selberschneidern-Projekt ist fertiggestellt.

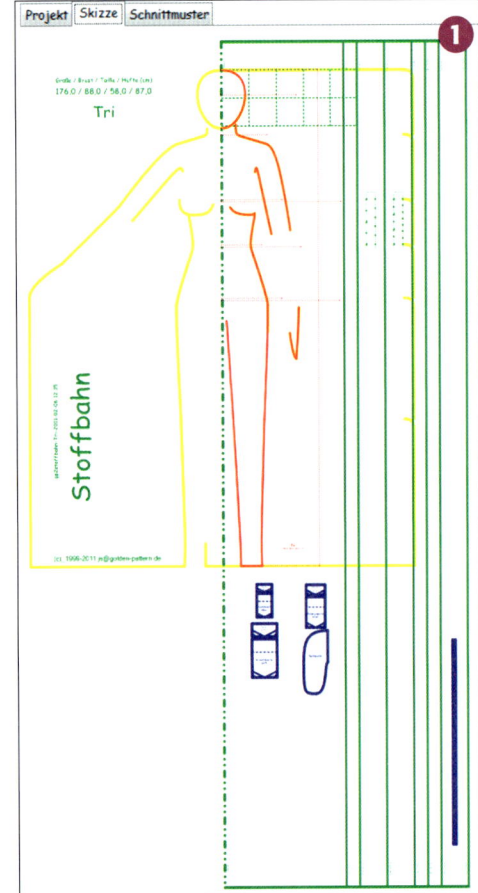

Sonderschnittmuster STOFFBAHN

Die STOFFBAHN als Sonderschnittmuster hat zwei Funktionen:

✂ Zum einen können Sie den Materialbedarf für Schnittmuster nach beliebigen Maßen sicher und einfach ermitteln.
✂ Zum anderen können Sie den freien Raum auf der Stoffbahn nutzen, um sinnvolle, einfache, vielfach verwendbare Schnittmuster-Komponenten unterzubringen.

So gehen Sie vor:

Wählen Sie ein Maß, für das Sie hauptsächlich schneidern; dazu das Schnittmuster STOFFBAHN. Sie sehen als Projekt den rechteckigen Umriss einer Stoffbahn (in Grün), die Silhouette der ausgewählten Person mit wesentlichen Maßen (in Rot) sowie einige Schnittmusterteile (in Blau). ❶

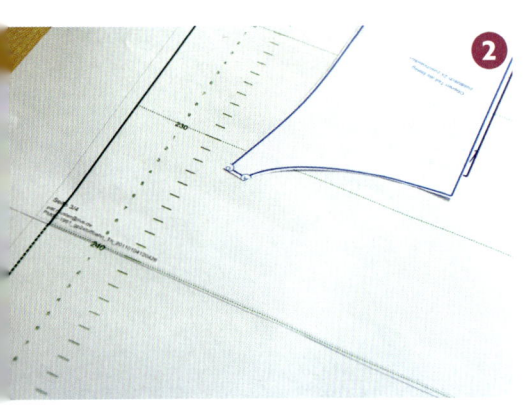

Drucken Sie jetzt das Sonderschnittmuster aus und kleben Sie die Seiten wie bei anderen Schnittmustern zusammen (für die Dauernutzung lohnt sich vielleicht der Gang zum Copyshop – die Stoffbahn passt gut auf vier Seiten DIN A0 quer).

Jetzt können Sie alle Schnittmuster auf dieser Bahn auslegen, so wie Sie sie später anordnen und ausschneiden würden. Die benötigte Materiallänge können Sie direkt an der Skala ablesen. ❷

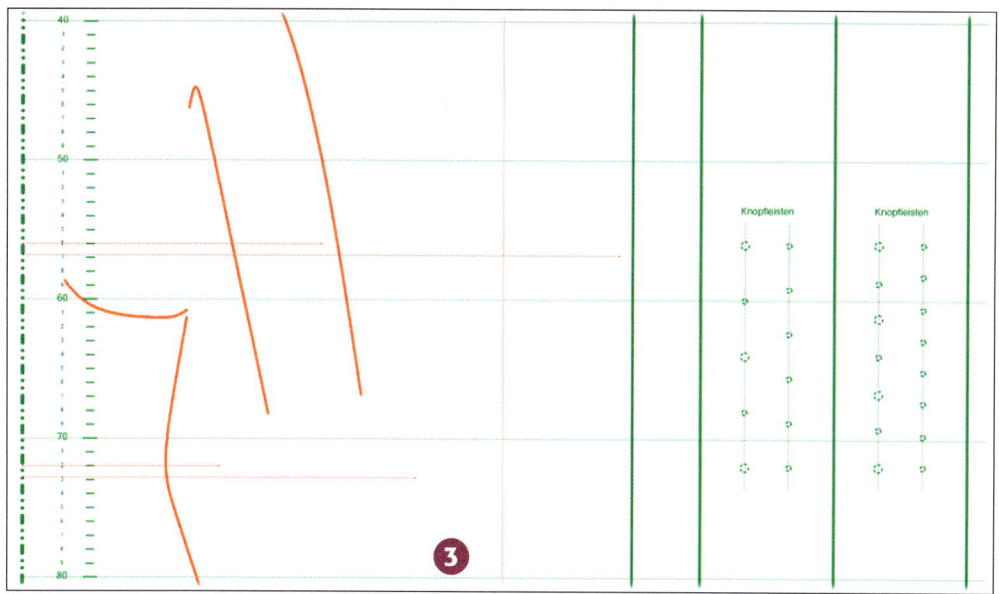

Zusätzlich können für alle Schnittmuster folgende Vorlagen verwendet werden:

In der Mitte der Stoffbahn sind in Brusthöhe der Personenskizze vier Knopfleisten eingezeichnet. Passend zu den gewählten Maßen haben Sie so Vorlagen für die Gleichverteilung einer Knopfanzahl zwischen Brust und Taille von 3+5, 6, 4+7 und 8 Knöpfen. ❸

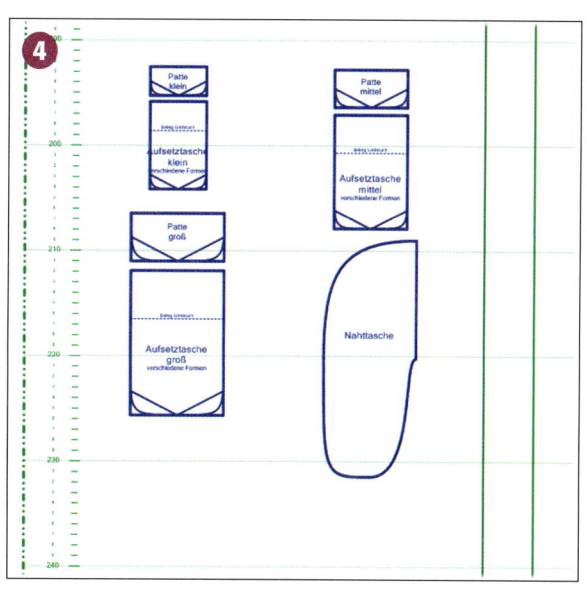

Im linken unteren Bereich finden Sie Vorlagen für Aufsetztaschen in verschiedenen Größen und Formen sowie eine Nahttasche. Auch diese Komponenten können Sie in allen Schnittmustern einsetzen: für das Kleid vielleicht interessant, für die Jacke fast unverzichtbar. ❹

Rechts unten sehen Sie die Vorlage für einen Gürtel mit Zugabe für die Befestigung des Verschlusses und mit einer Lochleiste. Markiert ist der genaue Taillenumfang.

Die Vorlagen können Sie bei Bedarf entweder auf die eigentlichen Schnittteile durchpausen oder die entsprechenden Einzelseiten extra ausdrucken.

Ausblicke

Sie sind jetzt fast am Ende dieses Buches angekommen.

Hat es Sie zu einer guten Idee inspiriert? Oder gleich zu mehreren guten Ideen? Haben Sie neue Erkenntnisse gewonnen? Etwas gelernt? Neuen Mut zum Schneidern gefasst? Haben Sie letztendlich die Maßschnittmuster KLEID und/oder JACKE ausprobiert und etwas Schönes genäht? Hat es Ihnen Spaß gemacht?

Ich hoffe, Sie können viele dieser Fragen mit JA beantworten.

Wenn Ihnen das System *PASST! – Schnittmuster nach Maß* zusagt, dürfen Sie sich freuen: Es wird weitere Maßschnittmuster geben, die Sie genau wie das Kleid oder die Jacke vielfach variieren und nach Ihren persönlichen Maßen selber schneidern können. Das PC-Programm *PASST!* wird kontinuierlich weiterentwickelt.

Haben Sie Wünsche für neue Schnittmuster oder Anregungen zu Funktionen der Software?

Ich freue mich über jedes Feedback; nur viele Köpfe mit vielen Ideen bringen unser Hobby Selberschneidern voran. Meine Kontaktdaten finden Sie auf der Internetseite (siehe Rückseite des Buches) und im Programm.

Viel Spaß weiterhin beim Selberschneidern!

Anhang

Die CD zum Buch

Diesem Buch liegt eine CD für Ihren PC bei.

Die Systemanforderungen an Ihren PC für die Nutzung des Inhalts der CD finden Sie auf der Buchrückseite.

Die CD enthält ein Setup-Programm für das PC-Programm *PASST!* sowie die beiden Maßschnittmuster KLEID und JACKE.

Je nach Einstellungen auf Ihrem PC startet das Setup-Programm nach Einlegen der CD wahrscheinlich automatisch. ❶

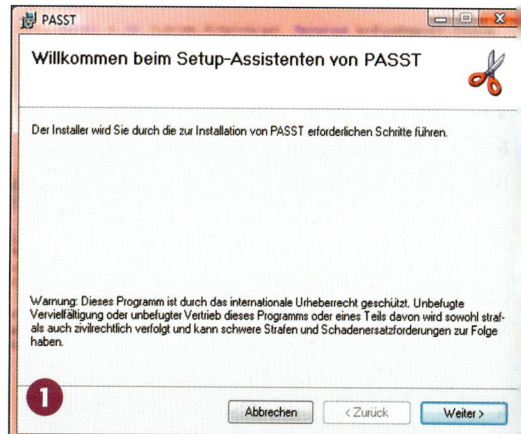

Sollte das Setup nicht automatisch starten, gehen Sie bitte in Ihrem Dateiexplorer auf das CD-Laufwerk und starten Sie das Programm SETUP.EXE manuell mit Doppelklick. ❷

Der Ablauf der Installation und weiteren Inbetriebnahme ist auf S. 111 ausführlich erklärt.

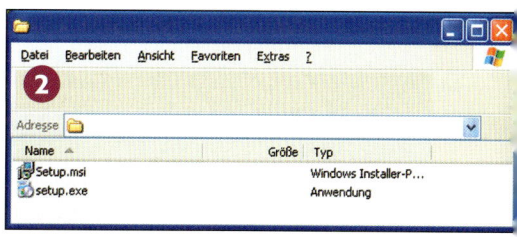

FAQ – Häufig gestellte Fragen

Frequently Asked Questions (FAQ) – häufig gestellte Fragen: Dort sollten Sie zuerst nachschauen, wenn etwas nicht wie gewünscht funktioniert.

Nachfolgend sind die häufigsten Fragen, die uns KundInnen stellen, samt Antworten wiedergegeben. In den meisten Fällen werden Sie hier bereits die Antwort auf Ihre Frage finden.

Falls Ihnen etwas anderes am Herzen liegt: Schreiben Sie uns eine E-Mail – die Kontaktdaten finden Sie auf der Internetseite auf der Buchrückseite und im Programm *PASST!*

Warum ist das Testquadrat nicht genau 10×10 cm groß?

Auf der ersten Seite des Schnittmuster-Bogens ist ein 10×10 cm-Testquadrat aufgezeichnet. Dieses Quadrat sollten Sie immer nachmessen, um einen wirklich maßstabgerechten Ausdruck sicherzustellen. Sollte das Quadrat nicht genau 10×10 cm groß sein:

URSACHE: eine falsche Einstellung im PDF-Reader/-Viewer. Dort gibt es im Druckfenster die Auswahl „Anpassen auf Seitengröße", die ärgerlicherweise standardmäßig so eingestellt ist, dass die Druckausgabe leicht verkleinert wird.

MASSNAHME: Bitte wählen Sie „Keine Anpassung" aus – dann sind es auch genau 10×10 cm.

Außerdem ist es natürlich wichtig, direkt auf dem Zieldrucker zu drucken und nicht in einem Zwischentreiber, der z. B. die Ausgabe mehrerer Seiten auf einem Papier ermöglicht (z. B. Fineprint).

Warum steht der Materialbedarf nicht auf dem Schnittmuster?

Die Angabe des Materialverbrauchs bzw. von Schnittbildern ist aus mehreren Gründen nicht sinnvoll:

1. Generell sind unsere Maßschnittmuster in einer Vielzahl von Größen verfügbar – von der Barbie-Puppe über Kindergrößen bis zu X*L. Die Anzahl der möglichen Proportionen geht gegen unendlich.

2. Je nach Materialart und -muster/-mustergröße sind oft nur bestimmte Materialbreiten verfügbar, und die mögliche Lage der Schnittteile ist für ein gutes Musterbild reglementiert. Hier weicht oft der wirkliche Materialbedarf auch bei den gängigen Papierschnittmustern oft gravierend von den theoretischen Angaben ab.
3. Abhilfe schafft das Sonderschnittmuster STOFFBAHN (siehe S. 156). Mit seiner Hilfe ermitteln Sie schnell und zuverlässig die erforderliche Materialmenge.

Fehlermeldungen mit „Lizenzschlüssel" erscheinen

Beim Aufruf von Schnittmustern erscheinen Fehlermeldungen mit „Lizenzschlüssel"; die Skizze des Schnittmusters ist nicht zu sehen.

URSACHE: Sie haben entweder Ihre Kundendaten noch nicht auf der Konfigurationsseite von *PASST!* eingetragen oder es hat sich ein Schreibfehler eingeschlichen.

MASSNAHME: Bitte kontrollieren Sie nochmals genau Ihre Einträge. Am sichersten ist es, die Lizenzdaten aus der Anmeldungs-Mail zu kopieren statt sie per Hand einzutragen.

Auf dem Schnittmuster-Ausdruck fehlen Linien

Auf dem Ausdruck des Schnittmusters fehlen sichtbar Linien, z.B. der Seitenrahmen, Stoffbrüche, Seitennummerierungen etc.

URSACHE: Bei einigen, meist älteren Druckern funktioniert die Umsetzung von feinen farbigen Linien nicht korrekt. Diese sind dann auf dem Ausdruck nicht sichtbar.

MASSNAHME 1: Installieren Sie den aktuellsten Druckertreiber von der Internet-Seite Ihres Drucker-Herstellers. In den meisten Fällen funktioniert dann die korrekte Umsetzung der Farben in Grautöne.

MASSNAHME 2: In *PASST!* können Sie auf der Konfigurationsseite auf „Schwarz-Weiß-Druck" umschalten. Alle Linien sind dann schwarz, aber dafür sichtbar.

Ich habe einen neuen PC – wie ziehe ich um?

Der Umzug des Programms *PASST!* mit allen Daten auf einen neuen PC ist sehr einfach und erfordert nur geringe PC-Kenntnisse.

Zuerst ziehen Sie am alten PC auf der Konfigurationsseite von *PASST!* ein aktuelles Backup. Diese Sicherung enthält alles, was Sie an Daten benötigen: Ihre Lizenzdaten, Ihre Schnittmuster, Ihre Maße, Ihre Schnittmuster-Projekte.

Sollte der alte PC spontan seinen Geist aufgegeben haben, verwenden Sie das aktuellste verfügbare *PASST!*-Backup. Alle Ihre individuellen Eingaben (Maße, Projekte etc.) seit dem letzten Backup sind dann allerdings verloren. Ich drücke Ihnen sehr die Daumen, dass Sie ein aktuelles Backup besitzen.

Auf dem neuen PC installieren Sie *PASST!* von der Buch-CD neu.

Die *PASST!*-Backup-Datei vom alten PC bringen Sie auf den neuen PC, z. B. mit einem Memory-Stick oder einer Sicherungs-DVD.

Direkt nach der Installation und Aufruf von *PASST!* können Sie auf der Konfigurationsseite mit Restore Ihre Backup-Datei auswählen. Alle Ihre Daten werden auf dem neuen PC installiert.

Sie können jetzt *PASST!* auf dem neuen PC wie bisher nutzen.

Ich habe einen Apple MAC – läuft *PASST!*?

Das Programm *PASST!* steht nur für Windows-Betriebssysteme zur Verfügung. Allerdings haben uns KundInnen berichtet, dass sie – auch für andere nicht MAC-kompatible Software – auf Ihrem Apple einen Windows-Emulator (dort gibt es wohl verschiedene Produkte) installiert haben und darunter auch *PASST!* problemlos läuft. Wir haben auf diesem Gebiet allerdings weder Erfahrung noch Testmöglichkeiten und können daher keine Unterstützung anbieten.

Standardmaße

Standardgrößen spielen beim Kleidungskauf und als Orientierung beim Selberschneidern eine wichtige Rolle.

In *PASST!* stehen deshalb über 100 gängige Standardgrößen zur Verfügung, die Nummerierung orientiert sich am deutschen Standard.

Gruppiert sind die Standardgrößen in den Kategorien „Baby/Kind", „Junge Damen", „Junge Herren", „Damen", „Damen schlank", „Damen kurz", „Herren", „Herren schlank", „Herren kurz", „Herren Bauchgrößen" und „Puppen".

Die Tabellen zeigen die verfügbaren Größen mit einigen internationalen Entsprechungen und den wichtigsten Maßen „Körpergröße", „Brustumfang", „Taillenumfang" und „Hüftumfang".

Baby, Kind

Bestellgröße	GB	USA	JP	Jeans	Sonst	Größe	Brust	Taille	Hüfte
B-50	-	-	-	-	1M	45,0	42,0	42,0	42,0
B-56	-	-	-	-	2M	53,0	44,0	44,0	44,0
B-62	-	-	-	-	3M	59,0	46,0	46,0	46,0
B-68	-	-	-	-	6M	65,0	48,0	47,0	48,0
B-74	-	-	-	-	9M	72,0	50,0	48,0	50,0
B-80	-	-	-	-	12M	77,0	52,0	49,0	52,0
B-86	-	-	-	-	18M	83,0	53,0	50,0	53,0
B-92	-	-	-	21/12	-	89,0	54,0	51,0	54,0
B-98	-	-	-	21/14	-	95,0	55,0	52,0	56,0
B-104	-	-	-	21/15	-	102,0	56,0	53,0	58,0
B-110	-	-	-	22/16	-	108,0	57,0	54,0	60,0
B-116	-	-	-	22/16	-	114,0	58,0	55,0	62,0
B-122	-	-	-	23/18	-	120,0	60,0	56,0	65,0
B-128	-	-	-	23/19	-	126,0	63,0	58,0	68,0
B-134	-	-	-	24/20	-	132,0	66,0	59,0	71,0
B-140	-	-	-	25/21	-	138,0	69,0	61,0	74,0
B-146	-	-	-	25/23	-	144,0	72,0	62,0	77,0

Junge Damen

Bestellgröße	GB	USA	JP	Jeans	Sonst	Größe	Brust	Taille	Hüfte
JF-152	-	-	-	26/25	-	150,0	75,0	64,0	81,0
JF-158	-	-	-	27/27	-	156,0	78,0	66,0	84,5
JF-164	-	-	-	27/29	-	162,0	81,0	67,0	88,0
JF-170	-	-	-	28/30	-	168,0	84,0	68,5	91,5
JF-176	-	-	-	28/31	-	174,0	87,0	70,0	95,0
JF-182	-	-	-	29/32	-	180,0	90,0	71,0	98,5
JF-188	-	-	-	30/32	-	186,0	93,0	73,5	102,5

Junge Herren

Bestellgröße	GB	USA	JP	Jeans	Sonst	Größe	Brust	Taille	Hüfte
JM-152	-	-	-	26/25	-	150,0	75,0	64,0	81,0
JM-158	-	-	-	27/27	-	156,0	78,0	66,0	84,5
JM-164	-	-	-	27/29	-	162,0	81,0	67,0	88,0
JM-170	-	-	-	28/30	-	168,0	84,0	68,5	91,5
JM-176	-	-	-	28/31	-	174,0	86,0	70,0	93,0
JM-182	-	-	-	29/32	-	180,0	88,0	71,0	96,0
JM-188	-	-	-	30/32	-	186,0	90,0	73,5	99,0

Damen

Bestellgröße	GB	USA	JP	Jeans	Sonst	Größe	Brust	Taille	Hüfte
F-32	-	4	5	25/30	XS	164,0	75,5	61,0	85,5
F-34	28	6	7	26/31	XS	164,5	79,5	64,0	89,5
F-36	30	8	9	27/31	S	165,0	83,5	67,5	93,5
F-38	32	10	11	29/31	S	165,5	87,5	71,5	97,0
F-40	34	12	13	30/31	M	166,0	91,5	75,5	100,0
F-42	36	14	15	32/31	M	166,5	95,5	79,5	103,0
F-44	38	16	17	33/31	L	167,0	100,0	83,5	106,5
F-46	40	18	19	35/31	L	167,5	105,0	88,0	110,5
F-48	42	20	21	37/32	XL	168,0	110,5	93,0	114,5
F-50	-	22	23	39/32	XL	168,5	116,5	97,0	119,0
F-52	-	-	-	42/32	XXL	169,0	122,5	105,5	124,0
F-54	-	-	-	44/32	XXL	169,5	128,5	111,5	129,5
F-56	-	-	-	47/32	-	170,0	134,5	118,0	135,5
F-58	-	-	-	50/32	-	170,5	140,5	125,0	141,5
F-60	-	-	-	52/32	-	171,0	146,5	131,5	147,5
F-62	-	-	-	54/32	-	171,5	152,5	135,0	153,5
F-64	-	-	-	57/32	-	172,0	158,5	143,0	159,0

Damen schlank

Bestellgröße	GB	USA	JP	Jeans	Sonst	Größe	Brust	Taille	Hüfte
FS-68	-	-	-	26/32	-	171,0	79,5	64,0	89,5
FS-72	-	-	-	27/32	-	172,0	83,5	67,5	93,5
FS-76	-	-	-	29/33	-	173,0	87,5	71,5	97,0
FS-80	-	-	-	30/33	-	174,0	91,5	75,5	100,0
FS-84	-	-	-	32/33	-	175,0	95,5	79,5	103,0
FS-88	-	-	-	33/33	-	176,0	100,0	83,5	106,5
FS-92	-	-	-	35/33	-	177,0	105,0	88,0	110,5
FS-96	-	-	-	37/33	-	178,0	110,5	93,0	114,5
FS-100	-	-	-	39/33	-	179,0	116,5	97,0	119,0
FS-104	-	-	-	42/34	-	181,0	122,5	105,0	124,0
FS-108	-	-	-	44/34	-	183,0	128,5	110,0	129,5
FS-112	-	-	-	46/34	-	185,0	134,4	115,0	135,5
FS-116	-	-	-	50/34	-	187,0	140,5	125,0	141,5

Damen kurz

Bestellgröße	GB	USA	JP	Jeans	Sonst	Größe	Brust	Taille	Hüfte
FK-17	-	-	-	26/29	-	156,0	79,5	64,0	89,5
FK-18	-	-	-	27/29	-	156,5	83,5	67,5	93,5
FK-19	-	-	-	29/29	-	157,0	87,5	71,5	97,0
FK-20	-	-	-	30/29	-	157,5	91,5	75,5	100,0
FK-21	-	-	-	32/30	-	158,0	95,5	79,5	103,0
FK-22	-	-	-	33/30	-	158,5	100,0	83,5	106,5
FK-23	-	-	-	35/30	-	159,0	105,0	88,0	110,5
FK-24	-	-	-	37/30	-	159,5	110,5	93,0	114,5
FK-25	-	-	-	39/30	-	160,0	116,5	97,0	119,0
FK-26	-	-	-	42/30	-	161,0	122,5	105,5	124,0
FK-27	-	-	-	44/30	-	162,0	128,5	111,5	129,5
FK-28	-	-	-	47/30	-	163,0	134,5	118,0	135,5
FK-29	-	-	-	50/30	-	165,0	140,0	125,0	142,0

Herren

Bestellgröße	GB	USA	JP	Jeans	Sonst	Größe	Brust	Taille	Hüfte
M-38	-	-	-	26/30	-	160,0	76,0	63,5	78,0
M-40	-	-	-	28/30	XS	162,0	79,5	67,5	84,0
M-42	32	32	-	29/30	XS	164,0	83,5	71,5	87,0
M-44	34	34	-	30/32	S	168,0	87,5	75,5	91,5
M-46	36	36	-	32/32	S	170,5	91,5	79,5	95,5
M-48	38	38	-	33/32	M	173,5	95,5	83,5	99,5
M-50	40	40	-	34/32	M	176,5	99,5	87,5	103,5
M-52	42	42	-	36/34	L	179,5	103,5	92,0	107,5
M-54	44	44	-	38/34	L	182,0	107,5	97,0	111,5
M-56	46	46	-	40/34	XL	184,0	111,5	102,0	115,5
M-58	48	48	-	42/34	XL	186,0	115,5	107,0	119,5
M-60	-	-	-	44/36	XXL	187,0	119,5	112,0	123,5
M-62	-	-	-	46/36	XXL	189,0	123,5	117,0	127,5
M-64	-	-	-	48/36	-	191,0	127,5	122,0	131,5
M-66	-	-	-	49/36	-	193,0	132,0	128,0	135,0
M-68	-	-	-	51/36	-	195,0	136,0	133,0	138,0
M-70	-	-	-	54/36	-	197,0	140,0	138,0	142,0
M-72	-	-	-	56/36	-	199,0	143,5	142,0	145,0
M-74	-	-	-	58/36	-	200,0	147,5	147,0	150,0
M-76	-	-	-	60/36	-	201,0	151,5	152,0	154,0
M-78	-	-	-	63/36	-	202,0	155,5	157,0	159,0

Herren schlank

Bestellgröße	GB	USA	JP	Jeans	Sonst	Größe	Brust	Taille	Hüfte
MS-88	-	-	-	29/32	-	176,0	88,0	74,0	92,0
MS-90	-	-	-	31/33	SLong	177,0	90,0	78,0	94,0
MS-92	-	-	-	32/32	-	180,0	91,0	79,0	96,0
MS-94	-	-	-	32/36	MLong	182,0	92,5	80,0	97,5
MS-98	-	-	-	33/36	LLong	184,0	96,5	83,5	101,5
MS-102	-	-	-	34/36	XLLong	186,0	100,5	87,5	105,5
MS-106	-	-	-	36/36	XXLLong	189,0	104,5	92,0	109,5
MS-110	-	-	-	38/36	-	192,0	108,5	97,0	113,5
MS-114	-	-	-	42/38	-	197,0	114,0	105,0	118,0
MS-118	-	-	-	44/38	-	199,0	118,0	111,0	122,0
MS-122	-	-	-	46/38	-	201,0	122,0	116,0	126,0
MS-126	-	-	-	48/39	-	202,0	126,0	121,0	132,0

Herren kurz

Bestellgröße	GB	USA	JP	Jeans	Sonst	Größe	Brust	Taille	Hüfte
MK-23	-	-	-	33/30	-	165,0	92,0	85,0	95,0
MK-24	-	-	-	34/30	SShort	168,0	95,5	87,5	99,5
MK-25	-	-	-	36/30	MShort	171,0	99,5	91,5	103,5
MK-26	-	-	-	38/32	LShort	174,0	103,5	95,5	107,5
MK-27	-	-	-	40/32	XLShort	176,0	107,5	99,5	111,5
MK-28	-	-	-	42/32	XXLShort	178,0	111,5	104,5	115,5
MK-29	-	-	-	44/32	-	180,0	115,5	109,5	119,5
MK-30	-	-	-	46/32	-	181,0	119,5	114,0	123,5
MK-31	-	-	-	48/34	-	182,0	123,5	119,0	127,5
MK-32	-	-	-	49/34	-	183,0	127,5	124,0	131,5
MK-33	-	-	-	52/34	-	184,0	132,0	130,0	136,0

Herren Bauch

Bestellgröße	GB	USA	JP	Jeans	Sonst	Größe	Brust	Taille	Hüfte
MB-51	-	-	-	42/30	-	170,0	99,5	105,0	106,5
MB-53	-	-	-	44/31	-	172,0	103,5	110,0	110,5
MB-55	-	-	-	46/32	-	174,0	107,5	115,0	114,5
MB-57	-	-	-	48/32	-	176,0	111,5	120,0	118,5
MB-59	-	-	-	50/32	-	178,0	115,5	125,0	122,5
MB-61	-	-	-	52/33	-	180,0	119,5	129,5	126,5
MB-63	-	-	-	53/33	-	181,0	123,5	133,5	130,5
MB-65	-	-	-	55/34	-	182,0	127,5	138,0	134,5
MB-67	-	-	-	57/34	-	183,0	131,5	142,5	138,0
MB-69	-	-	-	58/35	-	184,0	135,0	146,5	140,0
MB-71	-	-	-	60/35	-	185,0	139,5	150,5	145,0
MB-73	-	-	-	61/35	-	186,0	143,5	154,5	148,0
MB-75	-	-	-	63/36	-	187,0	147,5	158,5	152,0

Puppen

Bestellgröße	Erläuterung	Größe	Brust	Taille	Hüfte
P-B30	30 cm Ankleidepuppe (z.B. Barbie)	30,0	14,0	8,0	12,0
P-B95	95 cm Ankleidepuppe (z.B. My Size Barbie)	94,5	47,5	31,5	45,5
P-BBB	42 cm Babypuppe (z.B. Baby Born)	42,0	27,8	29,2	32,5
P-BJD3M	Gliederpuppe BJD 1/3 (z.B. Volks Dollfie Dream)	59,5	23,5	16,5	23,5

Weitere Schnittmuster von *golden-pattern*

Seit 1999 bietet *golden-pattern* Schnittmuster für SelberschneiderInnen an.

Neben dem vorliegenden Buch mit dem PC-Programm *PASST!* und den beiliegenden Maßschnittmustern existieren zwei weitere Schnittmuster-Linien:

Mit dem seit Beginn von *golden-pattern* verfügbaren Programm GOLDPATT können Sie etwa 50 in unserem Online-Shop erhältliche, meist einfache Basisschnittmuster an Ihre persönlichen Maße anpassen und ausdrucken.

Etwa 50 weitere Schnittmuster können Sie in vielen Standardgrößen als PDF-Datei bestellen. Neben Grundschnittmustern sind auch authentische, historische Modelle der letzten 500 Jahre erhältlich. Hier nur einige unterschiedliche Beispiele der Modelle. Details zu allen Modellen und weitere Informationen finden Sie auf www.golden-pattern.de.

Literaturverzeichnis

Nachstehend die Titel und Internetseiten, die im Buch erwähnt wurden. Keinesfalls ist dies ein repräsentativer Querschnitt über Wissensquellen zum Thema Selberschneidern, sondern nur eine subjektive Zusammenstellung aus meiner Büchersammlung.

Adams, Douglas: The Hitchhiker's Guide to the Galaxy. 1979–1992.

Der Goldene Schnitt. Hamburg 1940.

Ginetex: http://www.ginetex.net (letzter Seitenaufruf März 2011).

golden-pattern: http://www.golden-pattern.de (letzter Seitenaufruf März 2011).

Hohenstein Institute: http://www.hohenstein.de (letzter Seitenaufruf März 2011).

Knight, Lorna: Enzyklopädie Nähstiche und Stoffe. Köln 2008.

Leferenz-Vavra, Hilde: Grundlehre der Schneiderei. Leipzig 1935.

Mützel, Hans: Vom Lendenschurz zur Modetracht.
Aus der Geschichte des Kostüms. Berlin 1925.

Neuburger, Albert: Die Technik des Altertums. Leipzig 1919.

Ute Scheffler: Chic im Osten. Leipzig 2010.

Seeberg, Gabriele/Schillack, Gudrun: Nähen mit der Overlock. Berlin 2002.

Thiel, Erika: Geschichte des Kostüms. Berlin 1973.

WWF (World Wide Fund For Nature) Deutschland: Bekleidung und Umwelt. Berlin 2010.

Schlagwörter

Die neue Reihe im BuchVerlag für die Frau:

ABC DER HANDARBEITEN (erhältlich ab September 2011)

ISBN 978-3-89798-310-6   ISBN 978-3-89798-309-0   ISBN 978-3-89798-342-7

- ➲ systematische, gut verständliche Einführung
- ➲ mit Musterbildern, Strickschriften bzw. Klöppelbriefen, übersichtlichen Anleitungen
- ➲ für Anfänger oder zum Auffrischen der Kenntnisse
- ➲ 64 Seiten, Format 16,5 x 23 cm, farbige Ausstattung, broschiert
- ➲ ca. 9,90 € (D) / 10,30 (A)

Lieferbar im BuchVerlag für die Frau:

Chic im Osten. Mode in der DDR
176 Seiten, durchgehend farbig, gebunden
€ 15,90 (D)/ € 16,40 (A)
ISBN 978-3-89798-298-7

- ➲ kompetent und unterhaltsam – der Modeblick zurück
- ➲ 40 Jahre Mode in attraktiven Farbfotos und Modezeichnungen
- ➲ je Kapitel ein nostalgisch-aktueller Schnitt zum Nacharbeiten im Buch

TIPP: Als besonderes Extra zum Buch gibt es das Schnittmuster des Titelmodells als kostenlosen Download unter www.golden-pattern.de/chicddr – in allen Konfektionsgrößen und sogar als Schnitt für die Barbiepuppe.

Sie wollen mehr über unsere Bücher zum Thema Handarbeiten & Hobby erfahren?
Besuchen Sie unsere Homepage: www.buchverlag-fuer-die-frau.de

BuchVerlag für die Frau · Gerichtsweg 28 · 04103 Leipzig
Tel. 0341 995 43 71 · Fax 0341 995 43 73 · info@buchverlag-fuer-die-frau.de